U1011367

摆脱煤气灯效应

如何有效建立情感边界

[美] 黛博拉·维纳尔（Deborah Vinall）◎著　李晓燕◎译

Wuhan University Press
武汉大学出版社

图书在版编目（CIP）数据

摆脱煤气灯效应：如何有效建立情感边界 / (美)黛博拉 · 维纳尔 (Deborah Vinall) 著；李晓燕译. — 武汉：武汉大学出版社，2023.3

ISBN 978-7-307-23298-3

Ⅰ. 摆… Ⅱ. ①黛… ②李… Ⅲ. 情感–通俗读物 Ⅳ. B842.6-49

中国版本图书馆 CIP 数据核字 (2022) 第 163170 号

Copyright © 2021 by Rockridge Press,Emeryville, California
Cover illustration © 2021 Collaborate Agency
Author photo courtesy of Weezer Scarborough
First Published in English by Rockridge Press, an imprint of Callisto Media, Inc.
本书原版书名为 Gaslighting:A Step-by-Step Recovery Guide to Heal from Emotional Abuse and Build Healthy Relationships

责任编辑：周媛媛　　责任校对：牟 丹　　版式设计：末末美书

出版发行：**武汉大学出版社**（430072 武昌 珞珈山）
（电子邮箱：cbs22@whu.edu.cn 网址：www.wdp.com.cn）
印刷：三河市京兰印务有限公司
开本：880×1230 1/32　　印张：7　　字数：112 千字
版次：2023 年 3 月第 1 版　　2023 年 3 月第 1 次印刷
ISBN 978-7-307-23298-3　　定价：42.00 元

版权所有，不得翻印；凡购我社的图书，如有质量问题，请与当地图书销售部门联系调换。

致尚恩（Shane）：

我的伴侣，

我的精神支柱，

我最好的朋友

和我的挚爱。

前　言

亲爱的读者，很高兴你选择了这本书。不过，我也有些难过，因为这预示着，或许你的某段关系并不那么令人满意，在这段关系中，你可能感受到了爱、依恋，但又夹杂了困惑、伤害和怀疑。也许你感觉自己被操纵、还充满了愤怒和羞愧，却又不确定问题出在哪儿。同时，我心中又充满希望与乐观，你敢于阅读本书，或许就会迈出改变你生活和人际关系的重要一步。

我叫黛博拉·维纳尔，是一名心理学博士，同时也是有执照的婚姻和家庭治疗师。自 2004 年以来，我一直致力于个人或夫妻案例，帮助他们改善人际关系，治愈他们因过往不健康的互动模式（无论是与父母、亲戚、伴侣，还是与其他人）而造成的伤痛。凭借治疗情感创伤的丰富经验，我帮助人们克服了无数急性和慢性的情感创伤。我的工作经历告诉我，对有些人来说，情感虐待可能会给人留下难以愈合的创伤。

煤气灯效应是一种特别阴险的情感虐待形式，情感操纵是其主要或更常见的行为模式，它会掩盖和转移那些因情感虐待或其他虐待所需要负的责任。这种情感虐待模式可能已经根深蒂固地存在了，或者是偶发的、但不健康的应激反应。它可能存在于各种亲密关系中，如家庭、亲子、友情及职场、学校，或更大的社会和政治结构。无论在哪儿，煤气灯效应都会让你产生自我怀疑。

要知道，你有能力识别这些操控方式，摆脱它们，并从扭曲的关系中恢复。本书运用了经过验证的技术及具有示范性的故事叙述的方式，帮你充分了解自己、增强自信心，并为你提供了实操方法（七个步骤），以便让你在人际关系中找回自我。

我们的目标不是改变煤气灯人，除非他们渴望内心成长，否则改变只是一种幻想。可一旦改变自己，无论你是选择留在某段关系中，还是选择不留在某段关系中，都会改变关系双方相互作用的方式。你可以学会自我治愈，学会思考，并让当下和未来出现的各种关系越来越健康。

阅读本书时，请花点时间停下来反思一下。我鼓励各位按章节顺序阅读，以便更好地理解从最初的基础概念到第二部分七个步骤所列出的技能的转变。完成简单的练习，在练习过程中，需要注意练习的反馈和自身反应。如果你发现自己有些情绪激动或被过往的记忆淹没，那么请告诉自己不要着急：暂停、休息一下，深呼吸，再重新出发。只要你想成长和治愈，那么什么时候开始都不算晚。如果你已准备就绪，请深呼吸，然后让我们开始吧。

目 录

第一部分
煤气灯效应与情感虐待

第二部分

七步康复法

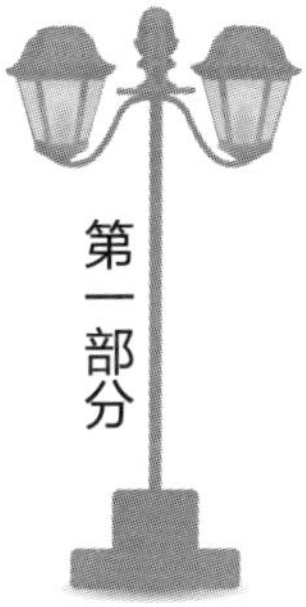

第一部分 煤气灯效应与情感虐待

治愈和改变需要明确生活中正在发生的事情。本部分将讨论什么是煤气灯效应，煤气灯人通常使用的伎俩和影响以及其他情感虐待类型。第二部分，我们将通过七个步骤来打破煤气灯效应，从中你可以得到治愈并学会在生活中建立健康的关系。不用着急，请花些时间慢慢读完这些章节，在此期间请接受自己出现的情绪，哪怕是困惑、悲伤和愤怒，最重要的是要心存希望，因为改变已经开始了。

第一章
了解煤气灯效应

煤气灯效应通过操纵、欺骗和控制他人，让人怀疑自己的认知和记忆。接下来，我们将仔细研究这些概念，探索煤气灯人为了达到目的，是如何以最有利于自己的方式来呈现眼前的世界的；研究煤气灯人常见的特征，并为你是否正在遭遇煤气灯行为提供了评估的方法。

什么是煤气灯效应?

眼前呈现出粗糙的灰色场景：贝拉很认真地直面丈夫保罗，因为当面看到他和女仆眉来眼去，

> 她表达着自己的不悦与羞耻感。保罗断然否认了一切，冷漠地斥责道："亲爱的夫人，你最清楚这不过是你自己的想象罢了！"

这一场景出自1940年的电影《煤气灯》（又译作《煤气灯下》），影片描述了当时这种尚未被标记的情感虐待方式，情感虐待的名字也由此而来。影片中，保罗冷漠地否认贝拉的所见所闻，并以此算计和控制她的精神。他无端指控贝拉的行为，可贝拉根本不记得自己做过什么。保罗的目的就是把妻子送入精神病院，从而继承家中隐藏的大笔财富。保罗在楼上四处寻找隐藏的宝石，此时贝拉观察到家中的煤气灯变暗（她知道一定有人在使用煤气灯），可保罗和女佣都坚称他不在家，认为贝拉是在胡思乱想。由此，"煤气灯"一词开始代表这种"疯狂制造"的谎言和行为。

煤气灯人遵循标准的心理控制模式。他们否认你清晰的观察，提出毫无根据的指控，并为所谓的违规行为惩罚你。他们不断向周围的人编造你精神异常的鬼话，让周围的人疏远你，因为这些周围的人很可能会帮助你识别煤气灯人的行为模式，坚定立场、设立边界或者帮你逃离虐待。这也创建了煤气灯效应的第二个目标，因为这些目击者可能也被操控了，他们放弃自己的所见所闻而倾向于煤气灯人提供的解释。可见，这些煤气灯人从表面看起来不仅有着极强的自我控制力，而且充满魅力。

煤气灯人经常指责你“太情绪化”“过于疯狂”“歇斯底里”“丢三落四”，或者说你根本就是一个彻头彻尾的骗子。这样，别人就不会过多地注意到他们，也很好地解释了你的真实经历与他们所编的故事之间的偏差。如此，你的争论变得毫无依据，因为任何反驳都能被煤气灯人构建的歇斯底里或精神错乱的框架包罗其中。此时，你进退两难，不得不在重要的人和自己的直觉或感官之间做出一个选择。

虽然“煤气灯人”不是一个诊断术语，但在口语中代表了经常表现出这种行为模式的人。煤气灯人通常表现出人格障碍症状或持久的不良行为模式，如自恋或反社会。与任何行为一样，这些行为模式也有背后的需求和动机。稍后我们将在归类各类煤气灯人时进行探讨。

现在，我们明确了一个颇具讽刺的事实：甩出“疯狂”标签的人往往本身患有很严重的精神疾病，可他们会让你感觉你自己很“疯狂”，这让你很难确定自己是否真的在经历煤气灯效应。以下的测验会有助于你回答这个关键问题。

这是煤气灯效应吗？

你所经历的真的是煤气灯效应吗？要回答这个问题，就像《第二十二条军规》中所描写的两难境地。从本质上讲，煤气灯效应会让你怀疑自己和你自己的直觉。有时，客观评估工具可以帮助你解决冲突。请在直觉的指引下，尝试回答下面的问题，并勾选出符合自己现状的问题：

· 你是否会经常质疑自己，并怀疑自己的记忆是否准确？

· 你是否总在质疑自己有问题？

· 你是否经常担心别人不会相信你说的是真话？

· 你是否发现自己回忆起的事件经常受到质疑?

· 你是否觉得大部分或所有冲突都是你的错?

· 与某个人交谈会让你感到“有点疯狂”吗?

· 他们是否经常暗示你“过于情绪化”?

· 与他们交谈时，你是否感觉比他们弱小，却不知道为什么?

· 他们是否会经常突显自己的权威和地位?

· 他们是否会弱化、嘲笑、忽视或贬低你的感受和体验?

· 他们是否一直淡化你的成就，却不断称赞他们自己的?

· 他们是否从来不承认错误?

· 当你与他们有冲突时，他们会质问你又在发什么神经？

· 你是否在质疑自己，事情真的像看起来那么糟糕吗？

如果有 10 个以上问题的答案都是肯定的，那么你可能与一个在情感上虐待你的煤气灯人有一段扭曲的关系。

如果有 8 ~ 10 个问题的答案是肯定的，那么你很可能正处于一段不健康的关系中，其中涉及大量煤气灯效应。

如果你对其中的 5 ~ 7 个问题产生了共鸣，那么生活中可能有人时不时地对你制造煤气灯效应。

即使答案是肯定的问题低于 5 个，但你的经历与某些描述密切相关，这本书也可能对你有所帮助。也许你过去曾生活在煤气灯效应或其他情感虐待中，这些通往自由的步骤将帮助你获得信心并建立更健康的关系。

进行测验时，你是否觉得这些描述出来的生活经历得到了验证？也许你有种焦虑、厌恶或恐怖的颓丧感。也许你看到了曙光，已经认识到问题所在，那改变就能开始。无论你遇到什么问题，只需要注意：不管你的感觉如何，它们都是真实有效的；因为你的情绪和感知很重要，你可以相信它们。

认识煤气灯行为

瓦尼亚很难信任伴侣，这让对方很愤怒，伴侣反复建议她解决对自己的“信任问题”，因此她开始接受治疗。瓦尼亚被不断指责，以致跟同事闲聊时，她也开始质疑自己的真实意图。当伴侣的指责扩展到他们的共同好友时，她尴尬地退出了聊天。此后，她的社交聚会也越来越少。

即便看到伴侣在家中用手机跟别的女性用短信息长聊，她也几乎熟视无睹。渐渐地，瓦尼亚开始觉得也许伴侣是对的。

他们也有过美好的时光，两人也十分喜欢对方。

可为什么总感觉不太对劲呢？她总结问题一定出在自己身上。她觉得对方说得没错，自己确实有精神问题，一直以来，她都感到沮丧和焦虑。也许她真的“疯了”。

要摆脱煤气灯效应的束缚，第一步就是给问题命名。借用精神病学家丹尼尔·西格尔的标志性话语，“你必须先给它命名，然后才能驯服它”。一旦强烈的情绪被唤起，如果能找到语言来描述这种体验，就能从初始的激活情绪反应的大脑区域转移到分析逻辑的大脑区域，进而有效地解决问题。如实命名煤气灯效应是迈出重新掌控的第一步，尽管煤气灯人精心设计的场景曾一度让你感觉很失控。

或许你看到了瓦尼亚是如何一步步陷入了煤气灯效应中的，也越来越清楚明确问题才是寻找自由的关键，因为从问题本身识别煤气灯效应可能要困难得多。

或许你有一对擅长心理操纵的父母，这种行为模式从小伴随你长大；或许你有一个擅长隐性控制的友人，这段友谊让你感觉沮丧并常常质疑自己；又或者你的老板总是重复说你犯错，然而你确定自己并没有。也许你曾经属于某个小团体，为了向团体中的其他人展示良好的形象，不得不编造一些“善意的小谎言”，甚至彻底否认自己的所见所闻。又或者你生活在如此频繁地否认现实的境况中，以致很难区分你知道的和被告知的信息的真假。这些体验让你感到失衡，这些场景可能是煤气灯效应的体现。煤气灯效应并不会发生在某种单一的、固定的行为框架内。

煤气灯的形式是多样的，那么如何知道它是否会发生在你身上？想想当前学到的内容，考虑一下之前的测验结果，平静下来听听内心的想法。你的直觉在呐喊什么？你的感觉如何？花点时间审视一下你的身体：有任何地方感到紧绷吗？也许你会感到腹部打结或呼吸变浅。你的肩膀是否绷紧、弯曲或向前拉伸？喉咙是否感到收缩，额头、眼睛或嘴巴周围是否感到紧绷？胳膊或腿呢？

闭上眼睛，注意自己的感受。不管哪里紧绷，都请停下来加以关注。一旦把注意力集中在自己的内心时会发生什么？让感觉和原始智慧来指引你的直觉，并相信它。

如果你怀疑自己陷入了煤气灯效应，那么或许就是如此。

人格障碍的作用

我在工作中曾接待过不少被拐卖过的人。人贩子通常以男朋友、保护者和终极压榨者的角色来胁迫他们，会使用包括赞美、关心、送礼、生气、羞辱、侮辱、非人化对待、自我可怜、提出要求、暴力、煤气灯行为和操纵等策略来勒索被拐卖的人为他们“工作”。

人贩子是反社会型人格障碍的典型代表，其特点是对他人的漠视且毫无道德观念。人贩子长期撒谎、欺骗他人、不尊重法律，并患有反社会型人格障碍，以及其他 B 类人格障碍。自恋型人格障碍、表演型人格障碍和边缘型人格障碍的人，经常采用煤气灯策略作为与他人互动的行为模式。每种类型的人格障碍患者都会通过煤气灯行为来操纵和控制他人，以满足对权力、地位、生理需求或情感的欲望。他们采用此类策略的频率和意图各不相同，其中具有反社会型人格障碍的人最狡猾，而具有边缘型人格障碍的人情绪反应最不稳定。

人格障碍反映出的行为模式固定、较为常见且不易改变。这多数缘于其童年长期被忽视、辱骂或虐待，而他们的内心问题却从未被重视和解决。当然，我们只能从内心同情他们，但休想通过忍受虐待和爱他们来修复B类人格障碍，除非他们认识到改变的必要性并付诸努力，否则谁也别想改变他们。

于你而言，唯一恰当的回应就是设立坚实的边界来保护自己，无论这段关系是否能够存续。

其他非人格障碍的人，也会操控他人

上述参考框架或许对你有所帮助，但无论你还是你的治疗师都不能对煤气灯人进行诊断（除非他们已见过面），这很重要。虽然煤气灯效应和B类人格障碍之间也存在高度重合，不过确实有很多人只是善于操纵！为了自己的康复，不要去诊断他人，对我们而言，最重要的是认识到他们的行为并不正常。

煤气灯效应可能缘于各种病理，也许根本无法诊断为疾病，由此，煤气灯人也会有多种表现。很多人善于让自己看上去魅力十足，却只把阴暗面留给你，这本身也是煤气灯效应的一部分，你会质疑为什么只有自己那么纠结和挣扎，由此导致你错误地认定是自己的问题。当注意到对方某些特征和行为模式与人格病理相一致时，也能帮助你从自责中解脱出来。你没有错，你的责任就是保护好自己，然后开始康复。

关于性别、社会和权力失衡的说明

任何人都可能做出煤气灯行为，也可能有这样的遭遇。煤气灯效应可能发生在同性或亲子关系中，也会在工作场所中出现。无论发生在何种情境下，众多行为唯一的相同之处就在于权力和控制的影响，因为建立和维护这两点是煤气灯人的首要目标。

更加传统的社会性别结构会影响煤气灯效应的表现方式。从历史来看，在社会化过程中，男性期待权威和被尊重，他们的情感可能在整个童年时期都被淡化和忽视。另外，社会普遍认为男性应该强大且具有主导作用，这样的社会模式为他们通过煤气灯效应寻求权力和控制奠定了基础。相反，女性传统上被教导要在社会地位和两性关系中寻找自己的价值，她们也不善于表达自己的需求，而操纵策略就趁机钻了空子。煤气灯行为可能就是一种有害的社会结果。

如果人或环境总是充斥着等级规范，那么煤气灯效应就会借此蓬勃发展。佩奇·斯威特发表在《美国社会学评论》的研究断言，煤气灯效应从根本上来说是社会的不平等造成的，如性别结构，同时煤气灯效应又加强了这种不平等的社会权力结构。煤气灯效应通过保护主导地位的人来转移人们对被压迫经历的注意力，例如，蒂龙就保罗对蒂龙的种族笑话与保罗对质，保罗可能会以一句“只是一句笑话，别那么敏感！每个人都知道我只是在开玩笑”来回应。更糟糕的是，对于蒂龙的不适感，保罗可能根本不在意或断然否认他说过任何种族主义的话，或者说种族主义根本不存在。在不平等的社会或情境中，煤气灯效应以牺牲被边缘化的一方为代价。

同样，父母也会否认自己对孩子的创伤经历，如“我从来没这么说过”“我永远不会那样做”“我们是幸福的一家”。相互依赖的家人和朋友可能会站在父母一边，通过尽量减少公开出现的问题或指责受害者来维护幸福家庭的形象，如“安东尼奥需要学会管理自己的情绪。如果他脾气没那么臭，就不会挨揍了”。

识别煤气灯效应背后的操控人性别及相关操控结构，对于识别生活中发生的行为模式至关重要。基于自己的认识，你会获得一定的掌控力，从而有权利选择自己的反应。

煤气灯人的不同类型

并非所有的煤气灯人都一模一样，认识到这点非常重要。不要因为自己的经历与某些示例不符，就否定它。从本质上来说，煤气灯效应的手段就是操控，此方法可以被各种类型的人用于不同的目的。

虐待型煤气灯人

当你跳出某段不健康的关系后，就很容易识别出虐待型煤气灯人。他们故意制造虐待行为，意在打击你的自我意识。你的自我怀疑让他们从中获得了精神上的满足，并将此作为一种操控的形式，他们可能会公然无视你被虐待后产生的心理问题，他们这么做仅为了娱乐观众或展示自己的力量。

尽管虐待型煤气灯人让人如此害怕，但也只有不到4%的人表现出这种程度的反社会人格。发表在《伴侣虐待》杂志上的一项研究表明，有多达80%的人在生命中的某一刻经历过情感虐待，并伴有煤气灯行为。显然，煤气灯效应不仅是反社会人士才会做出的行为。

自恋型煤气灯人

自恋型煤气灯人总执迷于专注自己。他们单向地认为其他人的存在就是为了崇拜或赞扬自己。他们害怕自己无足轻重，所以用各种方式掩藏他们原始、脆弱的内心。他们花费巨大的精力在公众面前编造一个伟大的自己。他们缺乏自信，一旦有人伤害他们脆弱的自我，就会遭到他们的猛烈抨击。

他们的自尊充满了不确定性，一旦遇到问题就会选择改变讲述事情的方式，而不是承认错误。他们认为自己不可能会犯错、残忍和处事不公。相反，一定是你产生了误会或是犯了错，也许你记得的事情根本没有发生。一旦其他人接受了这些扭曲的陈述，他们就不用担心会暴露自己犯的错了。

防守型煤气灯人

防守型煤气灯人利用煤气灯行为来摆脱麻烦或是避免自己行为产生的后果。他们可能是猛烈抨击孩子的父母，深知后悔而无法面对；也可能是在同龄人面前否认八卦自己的朋友。不安全感迫使他们隐藏起来，而不是勇敢地面对自己的错误。一旦将肮脏的真相归因于自己，他们可能会害怕来自他人的愤怒、谴责或是排斥。比起接受真实的自己，他们更愿意创建一个让自己可接受的“现实”，并保持自我认知完好无损。

意外型煤气灯人

你或许会在某段关系中经历煤气灯效应，而对方有着尚未被确诊的记忆问题。尽管这种意外型煤气灯人并非恶意，但不断怀疑自己目睹的现实和记忆也同样令人困惑和迷惘。意外型煤气灯的人可能因为听力水平下降、睡眠不足、工作太忙、某种心理疾病、脑损伤或精神错乱的影响而出现记忆障碍。当意识到或承认自己可能存在记忆缺陷时，双方关系的压力就会减轻些；但与拒绝承认错误的防守型或自恋型煤气灯症状相结合时，记忆缺陷就会导致互动方式产生问题。

你终将被治愈

无论煤气灯效应发生在哪种情境下，背后是哪种人格病理学，也无论你被压迫了多久，最终都有可能被治愈。无论什么模式或环境，通往治愈和自由的道路都是相似的。你可能觉得自己的力量被带走了，但当你拿起本书并开始勇敢思考问题时，你就已经开始解开身上的束缚了。你正在重新获取力量，继而向自由迈进。

第二章
煤气灯人的游戏剧本

本章我们将研究典型的煤气灯模式和行为。阅读时，你可以在旁边放个笔记本，如果有与自己经历相关的见解、反应或是反思都可以记录下来，这对你或许会更有帮助。允许自己观察和理解现实的信息和内心的反应，这种双重意识对于完全整合和内在治愈至关重要。

他们为什么这样做？

煤气灯效应本质上是一种操纵行为，操纵者只想“获胜”或实现目标，却丝毫不在意他人的人格。

许多人出于不安全感而操纵别人。他们一开始也许并不是心存恶意，或者因为缺乏自信或社交技巧来表达自己的需求和愿望，让他们不能以健康的方式开展人际关系；又或许是他们害怕被遗弃或不被爱，这些恐惧阻碍了他们拥抱健康的关系模式。

有些煤气灯人为了自己能得到他人的极度认可，企图通过掌控他人以填满自己对自尊的需求。因为他们无法接受被拒绝，害怕孤独，且非常注重形象，所以他们希望操控他人，并与之建立关系。他们容易受伤且缺乏冒险的勇气，所以他们用操控取而代之。有些人只关心个人目标，而无视他人的独立性，这种模式就是有害关系的明显警告信号。

操控行为

关于煤气灯人常用的具体策略，需要根据煤气灯人的不同类型及其病理深度进行分析与识别，并非所有的策略都显而易见。许多煤气灯人会通过赞扬和良好的形象让你为之倾倒，结果却用同样的策略改变和破坏了你对他们的信任。

说谎、夸大或歪曲真相

煤气灯人是病态的骗子。他们撒谎的方式有很多种，从表面上看，他们出于不同的目的，其实他们却始终以心理控制为目标。他们可能会对你或周围人否认自己的行为，如“我从来没打过你”“我绝对不会打你”“是她自己跌倒的，是她太笨了”。这种否认误导了别人，也保护了虐待狂或防御型煤气灯人。

他们可能会通过撒谎来引起别人的注意，尤其是自恋型煤气灯人。有些人用夸大自己的成功来引起他人注意，他们会说：“我的成绩是这所大学有史以来的最高分！”或者借用名人效应，谎称与名人有着良好的关系；或者把自己制造成一个受害者来博得同情和关注，借此将他人的目光从自己的失败中转移到他希望的事件上来：“从没有人比我受到的迫害更严重。”

因为发生了太多不可思议的事，让你很难确定该不该相信说谎者。当你习惯了提防自己的直觉时，反而开始相信本来不值得信赖的煤气灯人。

有些事情本来无伤大雅，可煤气灯人却会死死抓住不放，并渲染成夸张的故事。比如，平底锅里的小火苗会发展成厨房的熊熊大火。也许这种夸张很容易被人发现，但你的无视和纵容会让煤气灯人变得更加肆无忌惮。对事实改变的成功确保了他们的操控地位，而且也没有人愿意挑战他们。随着故事的不断重复，你也会不自觉地开始想象更符合他们描述的记忆，厨房的火也越烧越旺。

这也是煤气灯谎言的双重目标：首先，厚颜无耻的谎言测试了你所能接受的程度；同时，通过进一步推进来创建你所能接受的内容。有些人描述，与煤气灯人一起生活就好比拿着消防水带喝水。它们来得如此之快，前一个还来不及检查，下一个已接踵而至。这种失衡效应就是他们的目标。

通过伤害性的比较来弱化你的成就

昆汀每次跟母亲分享最近的成就时，两人的话题都会很快地转移到哥哥身上。同样，当他分享脆弱的感受时，也是如此。母亲总是列举哥哥的日子有多难，虽然她从不否认昆汀的事情，却会继续用其他话题转移他的注意力。昆汀发现自己怨恨哥哥，但同时心中也充满愧疚，他只能试图压抑心中的怒火。他开始怀疑自己是否应该感到难过，自己的成就是否真的值得庆祝。

煤气灯人可能会弱化你的成就，把它跟所谓更强大的东西进行对比，以此让成就显得无足轻重或是转移你的注意力。自恋型煤气灯人通过表演、吹牛或讲故事，强迫性地将注意力转移到自己身上，以突出他们良好的自我认知，偶尔也会强调自己的不幸。

通过控制讲述的手段让煤气灯人在这场隐秘的权力游戏中始终保持优势。于是，你不断地希望得到他们更多的关注和肯定。你对这种肯定的需要同时滋养了煤气灯人的自负，让他们掌握着主动权和决定权。也许他们会认为，只要你没得到想要的东西，你就会不断地回来找他们。

他们如何谈论他人

纳森的父亲一发脾气就会打他的弟弟尼格

尔。晚上，母亲给纳森掖被子时总会说抱歉，因为你弟弟的事情导致的矛盾冲突，却搞得你一天都不愉快。母亲的温柔善良，让纳森很信任她。可她的安慰在某种程度上总让纳森产生一种无法解释的困扰。纳森点点头，默默接受了一个假设：爸爸很好，弟弟尼格尔很糟糕。可纳森看了眼旁边沉睡的弟弟，却隐隐地感到愧疚。

煤气灯人经常指责别人的情绪，转移他人对自己的注意。在纳森和尼格尔家，母亲总是强调弟弟的缺点，转移了作为成年人的父亲更有责任控制自己的情绪这一事实，母亲的这种煤气灯行为帮父亲避开了理应承担的责任。母亲对目击者纳森也实施了煤气灯行为，保护了他的父亲。

如果你怀疑谁是煤气灯人，请观察他如何描述他人，看看与你的观察是否一致。当他讨论你认识的人时，你是否感觉到被煤气灯行为操控了？请相信你的直觉。

谈论他人时，会让煤气灯人显露出本性。虽然他们会利用传言、贴标签或斥责等方式掩盖自己的真实意图，但这些都是有迹可循的警告信号。如果谈论中充满了扭曲、轻蔑和否定，那么你要注意他们很有可能也会在背后这样谈论你。

煤气灯人这样做出于两个目的：首先，通过自己的讲述事先断言了一个所谓的事实，这可能会让你推翻自己的看法。因为他们的目标是打败你的理智，降低你对自我意识的信任，让你接受歪曲的事实。其次，一旦发生冲突，他们便能将问题外化，并归咎于他人，从而让自己顺势摆脱困境。如果是他人“丧失理智”，那么错的就绝对不会是煤气灯人。

他们背后如何谈论你

拉塔莎根本不会在意同事在背后怎么议论她，多年来的不易被人察觉的歧视已经让她学会了在社交时如何表现出一种平和的心态。母亲告诉她，要为自己的先天优势感到自豪，作为一名自由女性，她不需要接受任何外在的压迫。每当她为自己辩解或对某个项目提出不同意见时，尽管她表现得很冷静、坚定而自信，但仍然听到同事们对她的劝解，让她不要“生气”、要“冷静一点”、不要“丧失理智”，这反而让她十分抓狂。

他人身上的标签能否定讲话者话语的有效性，将控制权转移到操控的一方，并以牺牲被操控人为代价来强化压迫性的规范，就像拉塔莎一样。煤气灯人可能会在朋友面前讲你的尴尬瞬间或私密事，或以“玩笑”为借口，用富于优越感的姿态来消遣你。单独相处时，他们会嘲笑你的情绪；与他人交谈时，他们可能会夸大你的情绪。很多人利用不切实际的诊断作为武器，给想要打压或控制的人贴上标签，即说他们有精神疾病。每当提到你，他们的偏见就会出现，且细微而不被人察觉，如他们把成熟男人叫“男孩”，称呼成年女性为“女孩”，或是夹杂含糊的歧视语言。可一旦你感到慌张、愤怒，就会被贴上（也许让人感觉）“反应过度”或“过于敏感”等标签。或许，他们会在别人面前直接用谎话编排你，因为他们深知你的抗议也会被质疑。

这些伎俩不仅给你带来情绪困扰，而且还会使你与亲朋好友疏离，这对于你持续遭受和隐藏所受的心理虐待都起到了至关重要的推动作用。因为尴尬或羞耻，你可能会远离朋友和家人。当他们分享过关于你的故事或标签后，他人也会被误导，继而对你望而却步。

恐吓

煤气灯人经常使用恐吓来维持操控，也许还涉及私密或具体的威胁，并伴随贬低、嘲笑或责备等会让你产生恐惧的反应。例如，有人突然对伴侣做出拳打脚踢的手势之后，大笑或愤怒地抨击对方说，竟然相信自己真的会打她——“你知道，我从来没打过你。不要搞得好像我是一个虐待狂。”虽然伴侣会觉得这种行为会让自己感觉不舒服，但因为缺乏真正的身体接触，会让伴侣错误地认为此类行为构不成虐待。

煤气灯人的愤怒也许合理，却也不受控制，因此他们多借助恐吓来转移内心的羞耻。他们的行为是经过精心设计的，只为操纵和维持控制。有时恐吓还可能涉及实际的身体伤害，且这样的威胁在你们之间会不断发生。

这样的虐待建立了一个充满依恋与和解的创伤黏合阶

段，犹如“蜜月”一般令人愉悦，属于怀疑—激励—控制的循环内容。在这个阶段，煤气灯人变得充满愧疚，而你却下意识地告诉他们，其实他们并不是坏人。因为其恐吓行为给你带来的恐惧，很大程度上会使你不敢直面他们的扭曲行为，这也使他们更容易逃脱责任。

从不承担责任

与怀亚特约会的第二天，玛拉就感到非常困惑。她记得因为能跟他一起出去，自己很兴奋，而且两人之间也很来电。她还记得怀亚特不停地给她倒酒，他虽令她着迷，但当他要求更进一步时，玛拉是不愿意的。虽然记不清具体细节，不过她知道事情并未按自己想象的结束。即便怀亚特说是她想要那么做的，可她知道，这根本不可能。

当这些记忆在脑海中萦绕时，短信就来了。“嘿，宝贝，昨晚玩得很开心。我只是想确保你平安到家了。打给我。”玛拉盯着手机，想着昨晚被迫发生的事情，不禁疑惑，这个男人怎么表现得好像一切都没发生一样？

煤气灯人从不承担责任。他们只会否认过错，推卸责任，或描绘共同经历的美好画面。他们操控你，让你怀疑和忽略自己的记忆。他们迷人且自信，让你怀疑或许他们说的才是现实，而自己可能是记错了。拒绝承担责任会让煤气灯人不断地摆脱困境。

一旦遇到问题，他们通常会使用以下三种策略来应对。第一种，他们会先采用愤怒的方式做出反应，再使用恐吓策略，以此恢复自己的掌控权，同时也掩盖了自己的错误行为。

第二种，煤气灯人可能会扮演受害者，让自己变成故事的主角。如果有人大声地揭开了某些人的不当言论，这些人就会强调自己被指责时的感受，进而转移公众对言论本身的注意力，这是很常见的行为模式。同样，被发现有外遇的配偶也会将注意力集中到自己不再被信任上，如“我真的不敢相信你竟然这么说我！”就是他们常见的反应。

第三种，他们也许还会攻击你的信誉，说你表面上冷静、儒雅、淡然，实际却歇斯底里。一旦你产生了情绪反应，反而验证了他们才是有理智而情绪稳定的人。从不承认错误反而保护了煤气灯人，让他们的形象高大，甚至加强了煤气灯人的自恋心态。

分裂与三角论证

如果有人分开了原本联结的两方，并通过控制他们之间的交流而操控结果，那么此时就会产生分裂。如家长可能会告诉子女，说配偶觉得他们很讨厌，之后又告诉配偶，说他们的子女希望拥有更多的空间。在所谓的三角论证中，本应属于两人的直接交流，有可能在被操纵者不恰当地引入第三人的情况下，使双方的交流出现问题。

煤气灯人的策略：首先，培育或呈现一个对他们有利的现实。因此，任何有可能使受虐者感受或识别真相的帮助行为，都会被煤气灯人设法阻隔。其次，煤气灯人通过分裂你与第三方，既从中挑拨离间受虐者与协助者之间的关系，又巩固自己的地位。当这些策略成功后，曾经的问题反而出现在受虐者与协助者之间，并且注意力也将从煤气灯人的操控行为上转移。最后，一旦双方产生了摩擦和距离，煤气灯人就明显成了更值得信赖的知己，由此也让煤气灯人获得了胜利。

心态不健康的父母可能会和孩子或配偶使用这样的策略；自恋的领导可能会让员工互相攻击。在更大的社会互动中，一个团体或许会伪装成另外两个团体的同道，让他们相互对抗，从而陷入混乱、分裂和无序。无论什么情况，这些策略的目标就是操控，以突显煤气灯人的“好人”形象。

权利

虐待型和自恋型的煤气灯人特别向往权利，他们理所当然地认为自己处于统治层级。他们的行为只是为了加强和维持这种至高无上的地位。

权利有多种不同的表现方式：有人期待自己应该得到某个工作，而不管应有的职业道德和应付出的努力；有人频繁期待得到对方的爱，却不关心对方的内心想法。或许，他们期待自己的另一半拥有优雅的身姿，可他们自己也难以达标；也许他们需要孩子的合作、尊重和服从，可自己却只能依靠地位和权威对孩子进行掌控，并没有表现出值得尊重的样子。一旦期望没有实现，他们就变得愤怒、粗暴或烦躁。

许多人会借用历史文本中的权威来加强控制，让他人接受自己的权利展示。他们中有些人引经据典，以便让他人接受他们计划好的结果。有些虐待狂或自恋型煤气灯人可能要求或强迫与他的伴侣发生夫妻关系，然后劝告妻子接受丈夫的“正当”行为；或刚刚体罚完孩子，就引经据典来让孩子接受。

这样一来，即便你意识到被侵犯、攻击或背叛，但出于对自己、伴侣、父母或领导，以及原则的错误认知，这种自我意识也会被逐渐混淆。即使直觉认为这段关系有问题，也会被自己所认为正确的价值观掩盖。因此，你开始觉得对方不应该受到责备，只要自己做得更好，那么一切都会好起来。煤气灯行为又进一步加强了他们既定的优越感。

一切都有代价

与权利一样，他们一旦给予就会期待回报。如约会时约会对象为晚餐买单后，他们就会期待发生点什么；如果之前父母帮了你，他们也许就会以此为理由，期望你可以经常和他们共度一段时光，否则你就会有愧疚感。

尽管一段健康的关系应该包含互惠互助，但煤气灯人却利用这些记忆和过往的帮助来操控结果，使之成为对他们有用的一种策略。最后，他们将注意力从你的期待、需求和感受转移到自己身上。他们让你种下愧疚，并扭曲真实的环境以达到自己的目的。这明显缺乏相互性，因为煤气灯人并不是义务帮忙，而是为了私利而精心策划的。

健康关系的标志

识别煤气灯行为的迹象和标志很重要，同样，认知健康的关系也很重要。以下是一些指导原则，用以评估你们的亲密关系，并帮你在关系中通过制定一些标准来达到期望。

- 诚实和正直是双方秉持的核心价值观。

- 每个人都可以自由地代表自己，心声也理应被听到。
- 相互承担关怀和同情（但不用期待修复对方的情绪）。

· 考虑新观点时，双方都持开放态度。当然，你也可以不同意。

· 双方平等地参与决策。

· 尊重和支持双向流动，而不是遵从主导一方。

· 需要妥协时，应共同承担牺牲。

· 一方伤害另一方时，伤害方需要真诚地向被伤害方道歉，明确自己的所作所为并为其负责。

· 两人生理上都觉得人身安全。

· 在涉及持续成长时，应达成共识。

命名的力量——明确说出发生在自己身上的事情

阅读和思考这些策略时，引起你共鸣的是什么？你感到恍然大悟还是想由衷说一声“啊哈”？你是否有一种内在的抗拒，或某种清晰的感觉？终于弄明白自己的困惑和沮丧时，你是否感到兴奋，还是有一种沉冤昭雪的感觉？或许认识到真正发生的事情时，你是否会感到愤怒？

也许你听过“知识就是力量”这句话，尤其此时更是如此。了解清楚正在发生的事情，就相当于迈出了改变情境的第一步，你将重新获得力量，并改善现在的生活。当你能够识别并标记身上正在发生的事情时，你就有了有效反击的力量，并由自己决定在生活中所要接受的是什么。当你意识到有问题的是他们而不是自己时，你就自由了。

下一章我们将更深入、更广泛地了解情感虐待，了解它如何影响你，以及你康复后会是什么样子。治愈与自由都将指日可待。

第三章
情感虐待与康复

无论是怀疑，还是已经确定自己遭受了煤气灯行为，先思考一下这些行为是如何影响你的，这会是个不错的想法。这一章，我们将探讨什么是情感虐待、它在哪里发生，以及如何影响你。由此，我们将开始探索如何摆脱这些破坏性影响，然后开始治愈。

情感虐待

情感虐待指在没有必要的身体接触时给人所造成的心理伤害，包括言语辱骂、操纵、欺凌、威胁、羞辱、不断批评、隐瞒感情和孤立目标对象。虽然能将情感虐待与身体或其他虐待等身体伤害区别开来，但情感虐待也时常伴随此类虐待发生。情感虐待会导致心理创伤，其表现为抑郁、焦虑、创伤后应激障碍或人格障碍。情绪攻击可能在冲动时发生，也可能是针对控制目标而有意识的精心策划。

煤气灯行为是一种情感虐待形式，通常伴随其他的情感虐待一起发生，其可能是为实现某个统一的目标，也可能是用来掩盖突发的、计划外的口头或身体虐待。与所有情感虐待一样，它打击你的自信心，阻碍你独立。

生活中，找到具体的例子来证明自己是否被情感虐待可能并不容易。对许多人来说，这种经历就像“千刀万剐”，其证据早已渗透到了生活的方方面面。情感虐待会让你感到沮丧、紧张、精疲力竭及自卑，觉得是因为自己“不够好”而导致。

很多人不会轻易承认他们经历过情感虐待，受伤的人会经常克制地说“好像我并不是……”我不太明白为什么他们不愿意说出自己所经历的伤害。也许因为自己的伤痛没有比他人少时，我们通常很难面对一个现实，那就是自己遭遇过真正的伤害。可是，将疼痛降级对任何人都没有好处，不仅不会减轻疼痛，而且会限制你自愈的能力。

许多人否认情感虐待，是不想让自己看起来像个受害者。这个想法不错，因为它就像心中有个不会屈服的斗士，保护你、帮助你度过精神最糟糕的时期。今天，是该感谢它的帮助，也是让它休息的时候了。受伤的孩子，请说出事情的真相。

尽管遭遇了情感虐待，可是为了保护爱人，人们也会拒绝大声说出真相。事实上，我们所爱的人往往也是伤我们最深的人。攻击并不是来自陌生人，反而来自对自己很重要的人。否认事实只能以牺牲你为代价来保护他们，只会让错误一直停留在你的身上。如果他们没有错，那坏人就是你；如果他们没有责任，你就无权再设立边界、制造距离或培养更健康的互动模式，也不可能有任何改变。

即使我们素不相识，但我知道你理应被更好地对待，你生来就值得拥有爱与尊重。

不仅仅发生在伴侣关系中

煤气灯行为和情感虐待不仅仅发生在伴侣关系中。

或许是老板私下改变了项目目标，却批评你还在遵循之前的要求，或者在同事面前羞辱你。他们还可能对你进行性骚扰后又否认，却反过来指责你在工作场所不恰当的“回应”行为。朋友或许通过含糊的抱怨来操控你，说自己被忽略，而让你内疚，进而间接提出自己的诉求。一旦朋友的需求未得到满足，他们就会变得愤怒。父母可能也会批评、贬低和羞辱孩子，说家庭原本幸福，因孩子有心理疾病，但所谓的疾病也是他们假想出来的。

情感虐待和煤气灯行为发生场景不同，其结果也不尽相同。生活中遇到这样的人越多，你的心理创伤就越大；施虐者离你越近，你对他们的依赖程度就越高，就越难识别、逃离或改变这种互动模式。不过请放心，改变是可以办到的！

听起来像你吗？

要是不确定自己是否经历过情感虐待，参考以下常见的结果。在没有其他创伤时，如果有不少听起来很熟悉，那么你很可能遭遇了情感虐待。

· 自我怀疑

· 感到羞愧

· 感觉自己“不够好”或是“太过了”

· 自我批评 / 自我否定

· 感觉什么都没有价值

· 胡乱进食

· 上瘾行为（如购物、食物和赌博等）

· 极度需要被肯定

· 避免亲密

· 焦虑

· 抑郁

· 绝望，有过自杀的想法

情感虐待对你做了什么?

身体上如果没有伤疤，会让很多人不大重视情感虐待的出现。然而，情感虐待的影响却非常深远。从本质上讲，它破坏了你的自尊和独立，而低自尊和羞耻感会进一步造成抑郁及社交焦虑。

情感虐待破坏了人类安全依恋的核心需求。食物、水、衣服和住所等保证了我们的物质生活，但依恋能让我们生存下去。因此依恋成了我们的必需品，但依恋仍易受他人影响，而这恰好被煤气灯人捕捉到了。不安全的依恋会导致过度依赖不健康的关系或完全避免亲密关系。

当我们还是婴儿时，大脑就开始准备通过“镜像神经元”与他人协调，让我们能察觉和感知他人的感受。如果照料者性情平静，婴儿也会将这种反应内化，而寻找平静和满足感的经历则会塑造及影响发育中的大脑；而处于混乱、大喊大叫的环境或被忽视的婴儿，则无法发展内部调节，在日后生活中患焦虑症的风险也更高。

即便成年人长期处于愤怒的嘈杂的外部环境，其大脑也会强化与恐惧、危险相关的神经通路。如果不断受到批评，从神经学上来说也会加剧人内心的羞耻、绝望和悲伤。如同植物不断接收愤怒的音乐会变得枯萎一样，外部环境的情绪基调也会让人变得健康幸福或不知所措。

人们常说，孩子很快能从坏情绪中恢复过来。这话也许不假，可这并不能减轻虐待或创伤造成的影响。当创伤融入发育的心灵时，会长期影响他们成年后的行为和反应。无论儿时还是成年，如果生活中充满了攻击性，我们也会吸收内化而适应，并逐渐视攻击为正常行为。

即便压抑了已经发生的事实，可身体机能不会遗忘。情感虐待也会造成身体损伤，其导致身体疾病发生的可能性也更高，如胃肠道不适、自身免疫性疾病或者癌症。恺撒基金会通过对超过 17 000 名参与者的研究表明，儿童时期经历的不良事件（包括情感虐待）越多，其成年后发生身体疾病的可能性就越高。

这些结论发人深省，同时也聚焦出认真对待情感虐待的重要性。曾经被忽视的心理创伤已经无法治愈，其遗留的问题仍会对身心造成严重的消极影响。但是，我们依然可以从能够承认的事情着手，并开始走上治愈之路，从而减轻这种严重的影响。

身体虐待

一旦关系超越愤怒的门槛就容易演变成暴力，这时就需要及时向他人寻求帮助。这样的关系既不正常也不健康，而且身体虐待会随着时间的推移不断升级，甚至可能变得致命。你不该被如此对待，继续保持关系也不会平息他人的怒火，问题更不会得到解决。

伴随终身的模式

阿米拉怕极了丈夫亚伦进门的一刻，因为他不打招呼就“砰”的一声关上门、点上一支烟，并嚷嚷着要吃晚饭。他要求在他到家时，饭就必须做好；孩子们要把玩具收起来，吃完饭且洗漱完毕，离开他的视线。如果其中一个要求没有达到，亚伦就会痛斥妻子既讨厌又失败。

看着亚伦冷冰冰地吃饭，阿米拉脑海里闪过了自己的童年：因为茶壶上的一点污渍，自己深爱的爸爸就会对着妈妈大喊大叫；当阿米拉把刚摘的花送给爸爸时，他飞快地瞥了一眼就扔到桌子上，还问自己有没有听妈妈的话。阿米拉仍记得当时的自己是那么沮丧，可又感谢爸爸的关注，所以她向爸爸保证会一直表现良好。

阿米拉不管怎么努力，她都不知道为什么自己永远都达不到别人期待的标准，无论是童年还是成年后。“我还是不够好。”阿米拉这样总结自己。

让人们“适应”情感虐待的一个关键方法是将羞耻感内化。孩子遭受情感虐待时，意识不到父母的行为有问题，而孩子只有信任父母才能生存。因此，他们会将虐待内化，认为自己才应该受到指责。他们开始学会憎恨，但不是憎恨虐待自己的父母，而是憎恨自己。

情感虐待通常充满矛盾：严厉和持续的批评、羞辱、诅咒和孤立或“冷暴力”，还可能伴随着乐趣、联结，甚至是“我爱你”。当孩子体验到的爱包含情感虐待时，这也定义了他们对爱的理解。

很多时候，情感虐待成为贯穿人一生的模式。童年时遭受的严厉批评、贬低和愤怒，使大多数人在成年后也不会有温暖、善良或安全的人际关系。相反，童年的情感虐待让人习以为常，如果伴侣关系也是类似不健康的模式，他们也会欣然接受。

同样，施虐行为也反映出这些施虐者的童年经历与生活模式。施虐者没有认识到过往互动模式中的问题，在无形中已经将攻击者的错误行为与信息内化为自己人格的一部分。另一种可能是，他们在经历痛苦与困惑时，其父母从来没有给予过引导与慰藉，导致这些施虐者缺乏自我调节的能力，因此他们只能循环往复地内化自己的羞耻感，以及痛苦经历并与之同化。

当然，以上为通常模式，但也存在特例。例如，处于某些文化和信仰体系下的女性，在社会化的过程中被要求顺从、甘愿被支配（虐待形成的基础），并不惜一切代价保持对一段关系的忠诚。有些人还会因为残疾、家庭成员的安全或经济依赖而陷入困境。

无论你受到的束缚基于什么心理或限制，但是也要知道，你也是珍贵的，你值得拥有无条件的爱。

创伤与复杂的创伤后应激障碍

也许，从儿时起，你在生活中就经历着虐待，并对你形成了一系列而非单一性的心理创伤。由于是在关键的成长期，情感虐待的影响也更加强烈。随着孩子的成长，大脑逐步发育成熟，依恋关系的不足将持续影响发育中的大脑，为日后与抑郁和焦虑做斗争埋下伏笔。

在恐惧中成长同样会造成持续的心理创伤。因大脑过度使用，神经系统中负责调节镇静、反射，以及战斗或逃跑反应的部分会变得紧张，由此可能导致两种结果：第一种，大脑可能会加强神经通路，进而增强焦虑、过度警觉的反应；第二种，当大脑用尽了自我保护的能量，就会陷入疲惫的抑郁状态，以致神经系统缺乏足够的意志或力量进行自我保护。

创伤是由某种经历的影响导致的，这种影响会抑制人自身应对和同化事情的能力。创伤的产生可能基于目睹某件可怕的事情的经过，如死亡、对他人身体的严重伤害、濒死体验或对自己身体的侵犯，如性侵。当你遭受持续的创伤时，会导致复杂的创伤，如生活在战区或童年成长于持续虐待的环境中，由于这种创伤在大脑形成和发育时发生，也被称为发育创伤。

因为没有资源应对抑制性的经历，孩子们可能会发展出心理的分离防御机制，即一部分意识被分裂出来，用以逃避当前现实所带来的痛苦。根据分离所需的强烈程度，可能会导致一个人出现多重人格现象，或感觉与自身相脱节。也许你会发现，有时，很容易区分感受和事件；有时，会被压倒性的愤怒或恐惧淹没，从而引发对创伤的记忆。尝试心理分离会阻碍大脑结构之间的交流，而创伤则会让海马体收缩，海马体是大脑中负责存储和检索长期记忆的区域，由此可见，记忆力变差就很正常了。

不过，值得高兴的是，大脑在人的一生中是不断成长且会适应和变化的，这种现象被称为“神经可塑性”。这意味着损伤可以改变，海马体可以生长，进而提高记忆力。创伤性记忆可以适应并整合到长期记忆中，而不再需要持续的关注。现在，可以学习和练习减少分离的技巧，也可以使用我们将在第二部分讨论的治疗方法来识别和重新处理触发创伤的因素。治愈是可以做到的，你的生活也是可以改变的。

多个施虐者

如果童年经历过情感虐待和煤气灯行为，成年后又经历了不健康的关系，那么说明在你的生活中出现过多个施虐者。或许，你跟父母和兄弟姐妹之间的关系复杂，需要应对由此带来的压力；或许你的伴侣或友谊关系也经历了不健康或有毒的互动模式。如果你难以识别不健康的互动模式并设立边界，那么煤气灯行为和情感虐待可能伴随终身。如果你缺乏识别这些关系的技能，很可能你会结交糟糕的朋友、为自恋的老板工作，甚至接受近乎疯狂的不健康的互动模式。或许，你可以承受单一的虐待所带来的伤害，而当所有虐待扑面而来，就变成了压倒你的沉重负担。

如果身处的关系令人不满或是缺乏支持，此刻你面临的不仅是极端的负担，而且可能缺乏一个足够的支持体系来减压。如果你需要发泄情绪或解决问题，而兄弟姐妹对你不屑一顾，母亲又总羞辱你，朋友也只关注自己，此时的你会向谁求助呢？明明老板下达的任务不可能完成，这已经让你不知所措了，而伴侣却说你歇斯底里，此时的你又会去哪里？面对性别歧视，无论自己如何呼喊也没人理会，此时的你又能到哪里寻求支持呢？

显然，过去的经历过于黑暗，可你不会永远被困在过去。你的未来不是根据你的家庭教养、过往的创伤或习惯而固定安排好的，你的生活是可以治愈和改变的。怀抱希望，勇往直前，让我们一起探讨如何阻止这些不良循环。

如何治愈？

无论遭受了多久或多少人的伤害，你都可以从情感虐待和煤气灯的袭击中恢复过来。治愈意味着打破经历的束缚，自由地选择过去没有过的感觉、思考和互动方式，包括识别和承认已经发生或正在发生的事情，找回自我的关怀，并在自尊中成长。这也意味着你有信心追求正当的权利、有能力建立健康的关系，以及追求自己想要的生活。

恢复是一个过程，不会一蹴而就。这种感觉就像前进了两步又后退了一步，但要密切关注目标，注意衡量长期而非短期的变化。总有一天，你会为自己所取得的成就感到惊讶和自豪。从现在起，要对自己多些耐心，不要追求一夜之间的改变。记住，严厉的批判声已属于过去。

七步康复法

治愈始于接受，这是七步康复法的第一步。改变问题之前，你必须认识到问题是什么，并承认问题的存在。读完开篇的章节，或许你对本书的内容有了一定程度的认可。如果是这样，请振作起来：治疗已经开始！

第二步是理解虐待的循环模式，反思第二章所讲述的煤气灯人的策略，或许你已经了解了这一点。当你接受这些现实时，就为第三步预留了空间，为已经失去的东西哀悼可能会让你很痛苦，但也能带给你亟须的放松。

当你悲伤时，就进入了第四步，此时请你关注自我。这不是自私，因为你一直都应该得到这样的自我关怀。也许它比较陌生，确实它已经缺席太久了。向内探寻，寻找真正的自我，才可能出现深度的治愈。

第五步，设立边界。允许在自己周围建立一个健康的空间，一个能让你的自我成长和蓬勃发展的空间。请你在此刻开始修剪藤蔓或拔除阻碍健康的杂草。基于边界以及回应的反思，你就可以在第六步决定能够进入你的生活或需要从中移除的人。

康复的第七步也是最后一步，你开始有意识地发展全新的、健康的人际关系，并可以充分意识到，在相互尊重的友情、专业的工作关系，以及有爱的伴侣关系中，自己想要得到什么和理应得到什么。带着已得的知识和意识，基于培养起来的自我关怀，建立起坚定而温柔的边界。这些都会保护你，让你重新学会爱。此时，治疗结出了硕果，生命也开启了新的阶段。在这个阶段，你便学会了打破循环，寻找美好。

当实施这些步骤时，请你慢慢来，不要着急。当努力治愈脆弱的伤口时，请给自己一些时间和耐心，因为过于急切可能会导致挫败。也许，有些步骤进行得比其他步骤快，没关系；或许你发现自己重复了以前的步骤，这也没关系。在改变与前进的过程中，要对自己充满关怀。

请记住，遭受虐待从来都不是你的错。与煤气灯人一起生活，遭受情感虐待也不是你的错，也并不可耻。现在最重要的是，承认生活中发生的事，创造必要的空间来治愈。

接下来，我将进一步分解这七个步骤，让它们切实可行。现在，请停下来，花点时间休息并进行自我照顾：

放下书，伸个懒腰，喝一杯水。看一看窗外的景色，让眼睛有一分钟或更长时间停留在绿色的东西上。深而缓慢地呼吸，注意呼吸的起伏，感受它充满肺部并滋养你的细胞。闭上眼睛，只注意自己的感受。当你完成这些后，再让我们从迈向自由的第一步开始吧。

第二部分

七步康复法

既然有了一些基本概念，也清楚认识了对煤气灯行为和情感虐待的方式，接下来，让我们开始摆脱煤气灯效应，建立有效情感边界。或许你已经开始怀疑或者确定自己正在遭受煤气灯的操控，但你也不知道接下来该如何继续。我知道面对这一改变会让你感到恐慌，但我同样认为一直隐藏在你身体里的那个勇者，会鼓励你拿起这本书。

我们将在第二部分探讨脱离煤气灯行为并实现自由的七个步骤。通过接受、了解、释放悲伤、专注自我、设立边界、做出决策，以及发展新的健康人际关系等步骤，你可以打破循环，追寻美好。

第一步
接受已经发生的事情

接受是打破煤气灯行为和其他情感虐待枷锁的第一步。你很容易受到虐待行为的影响，除非能够认识并接受发生在自己身上的事情，接受现实能帮助你实现改变。

定义接受

“接受”，不代表对现在或已经发生的事情没有意见，也不代表默许这样的行为继续，更不代表让一直伤害你的人摆脱责任。

“接受”，意味着承认所处的环境是真实存在的，不要否认、淡化或拒绝已出现的问题，要正视并做出评估。接受是对现实的认可，如果表象指向这样的操控模式，那么就如实地接受它。

在接受的第一阶段，不要试图改变或对抗现状。简单地命名并感受它的分量。即便只向自己承认，也不要急于进入这个阶段。谨慎地承认现状是什么，对于因此而产生的后果也要有基本的认知。

事实上，处理煤气灯行为的过程本质上是很复杂的，因为它会让你怀疑自己，质疑你的感受、感知和经验，会让你觉得自己很疯狂，并给自己贴上有问题的标签。如此一来，想要梳理之前的谎言、歪曲的事实，以及自己的看法，就变得极具挑战性。记住，第一章我们讨论过：如果你觉得自己可能遭遇了煤气灯行为，那么现实可能真就如此。

当你拿起本书并开始深入阅读，表明你已经开始接受，并取得了进展。

接受极其重要

接受是做出改变的必要条件。如果不承认，就无法改变；如果不确定，也不会改变。你应该得到治愈和自由。

接受从指出问题开始，你不再找理由和借口、不再接受指责或对事情做出解释。接受这一过程可能很痛苦，我也不会假装告诉大家很容易。因为你不仅在改变过往的行为套路，重新分析自己知道和经历的一切，而且这有可能会让你觉得在默默地背叛自己所爱或关心的人。

然而，无论父母孩子、浪漫伴侣，还是柏拉图式（精神上）的朋友，爱不会要求你接受操纵或虐待，爱也不会伤人，爱更不会要求你一次次接受打击。健康的爱拥有边界，它能够保护和尊重双方。

在一段关系中，你是否感到被爱和被尊重？你的内心多久受一次伤？是否只有在循环中才会出现爱或肯定，还是紧随情感虐待之后？你是否视付出为理所当然且不求任何回报？或许，情感虐待始终伴随你的左右，让你不再期待更多，甚至觉得自己不值得拥有更好的；请不要相信，因为这本身就是谎言。

接受开始于注意，请注意你的感受。花时间倾听自己内心的声音，用你的直觉去注意人际关系中的行为模式和由此带来的感受。在觉察的过程中，尊重内在的智慧，尊重自己的直觉，只有这样才能认清现实。

与自己对话

因为遭受了情感虐待而想生活继续，你可能学会了将情感深藏于心。不断的批评、责备、羞辱和言语攻击导致你产生持续深刻的痛苦，为了在情感虐待的过程中挺过来，你也许会做出诸如压抑、否认、与自我情感分离等反应，可是煤气灯人依然指责你的感觉不过是装腔作势——情绪太多、太戏剧化，近乎疯狂、不可信。

现在，你站在这样的十字路口：是继续否认情感虐待对你精神的影响？还是说出它的名字并让自己得到治愈？“强硬”不是强壮，脆弱才是对力量的真正考验。情绪需要有巨大的力量来承受，以及感受被埋藏许久的一切。

从此刻起，请你留出一点时间，也许是每天几次的自我对话，问问自己的真实感受如何。起初，你可能会感觉不舒服或很奇怪，不过，放手去做并坚持下去，就可以探索出自己的情绪风景。也许，某些感受让人痛苦或不愉快，但你只需要带着温柔的同情去注意它。你没有疯，也不会有“太多”情绪，好的感觉不会让人变得软弱。

你已经接受了自己正经历着煤气灯人行为和情感虐待的事实，自我对话的过程就必不可少了。这可以为你提供拥有注意、反思和选择的片刻时间，让你在行动时拥有更多的选择和控制权。当你意识到情绪时，你也会逐渐掌握它们。

现在花点时间试试下面的内容：找个舒适的地方躺下来，把书放在腿上或旁边。闭上眼睛，深吸一口气，慢慢数到 5。屏住呼吸片刻，数到 6，慢慢呼气。重复几次，并请注意你在想什么，感觉怎么样。此时的你是冷静、焦虑、烦躁、不耐烦、轻松，还是困惑？此刻，既没有错误答案，也没有错误的感受方式。

注意你的身体的什么地方感受到了这种情绪？你在哪里会保持紧张？你的肩膀会紧绷吗？你的眉头会紧锁吗？你的心脏是否感到紧绷或是胃部紧缩？

现在，让你的注意力回到呼吸上。继续慢慢地吸气，然后慢慢地呼气。吸气时，默默地说出你希望获得的积极感受，也许是“和平”“清晰”或“平静”；呼气时，默默地、有意识地说出你想要释放的负面情绪，如“放下恐惧”“释放愤怒”。请至少重复 5 次，或适可而止。

注意你在紧张时，身体的哪些地方会产生反应，然后将注意力转移并停留在感觉强壮、平静或没有紧张感的地方。

因为这种练习，可以在醒来、睡前或是一天中注意到内心变化的任何时候进行，所以，当此之时你就可以开始训练识别自己的感受了。更重要的是，这种练习让你学会了重视和验证自己的情绪，这一步是内在疗愈的关键。

我感觉如何?

如果你对于调整自己的情绪还比较陌生，那么下面这些简单的问题可以帮助你慢慢地熟悉并调整情绪。

· 现在，我的身体感觉如何?

· 这些感觉与哪些情绪有关?

· 今天有什么事情让我感到不安吗?

· 如果有，发生了什么?

· 脑海中浮现出什么词，可以来描述我的感受?

· 我想改变自己的情绪吗?

· 如果是这样，我想感受什么?

· 我能做什么帮我产生这种感觉?

对自己诚实

对自己诚实很重要。承认被他人或被自己所爱的人欺骗和操控了许久，是很痛苦的一件事。他们不该这样对待你，你应该拥有获得真相和诚实的权利。

因为不断被操控，你对现实的感知可能会变得脆弱而不确定，自己所坚持的信念基础也会动摇。虽然这会让你感觉自己疯了，但是你要知道你并没有疯。

施虐者选中你成为他们的目标，他们会先孤立你，并让你坚信他是你的唯一支柱。这样一来，你的接受和保持客观就会变得非常可怕——如果你的“安全岛”不再安全，你会去哪里呢？

来自爱人的伤害也会影响你的自我认同感。但你要记住，这不是你的问题，受责备的不应该是你。也许，他们看不到你所有的美好和价值，但你的美好和价值是真实存在且不可改变的。

对自己诚实，明确自己所了解的真相，就等于你开始在流沙之地建立起了坚实的堡垒，能够识别并拒绝攻击自己的谎言。做真实的自己是恢复力量、重建自我意识和健康情绪的第一步。

关于接受的魔力语言

忍受煤气灯行为和情感虐待，就很容易让自己将羞耻感内化。重复或冥想下面的魔力语言，能帮你把批判性的自我对话转变成自信的声音，并鼓励你拒绝煤气灯的操纵。

· 我受够了。

· 我值得被爱。

· 我值得。

· 我应该有自己的空间。

· 我的感受很重要。

· 我相信自己的内在智慧。

· 我本来就很棒。

· 我是被上苍选中的。

识别施虐者的策略

菲利普自幼年起，他母亲就一直在用一种精神疾病来解释他情绪波动的原因，因此，他服用了许多精神类药物。开始上大学时，他坚信自己的精神会越来越差。然而，他厌倦了药物的副作用，他决定尝试不服用药物的生活。他担心自己的精神病会发作，母亲也经常警告他。可相反的是，他开始茁壮成长，并加入了游泳队，还和一个有爱心的年轻人成了朋友。

随着与好友伦纳德关系的发展，菲利普开始慢慢地与好友分享自己与母亲的故事。有一天，伦纳德暗示菲利普的母亲可能对他进行了煤气灯操控。真的是这样吗？菲利普有些怀疑，母亲一直带他去看不同的治疗师，直到她找到一位治疗师——他给出了母亲想听到的病情评估，并开具了非常有利于控制儿子的镇静剂。

重新审视童年，菲利普意识到，母亲爱控制与挑剔，有时甚至会突然大发雷霆，而那时自己的发脾气和哭闹行为，只是一个敏感的男孩与这样的母亲一起生活的自然反应，却被母亲认为是精神病的征兆。比起面对儿子受到的伤害，母亲更希望找到一位愿意将儿子诊断成严重疾病的医生，因为这能给她带来宽慰，同时掩盖她的过错。

对菲利普来说，虽然接受这个推断很痛苦，但他的意识逐渐清晰而坚定起来，他拒绝了母亲对他从未有过的病状进行定义。此时，他第一次感受到了自己的力量。

菲利普遭遇的煤气灯行为，不仅隐匿且伴随他左右，这很难加以辨别。因为青春期对母亲的依赖，他很难识别并大声说出母亲的虐待行为。深陷其中的他，只能把羞耻内化，他感到自己是绝望无助且一文不值的。如果不能获得自己的空间和外部的支持让他重新审视这段关系，也许他永远不会停止这个循环。

想要识别和标记煤气灯行为的伎俩，就要站在客观的角度，这极其重要。如果遭遇了多年的煤气灯行为，那么遇到像菲利普的朋友那样为菲利普提供外界的观点，可能会对你梳理过往的经历片段有帮助，尤其是批判性的审视至关重要。如果能目睹这段不健康的关系的全过程，那么他人的观察会更有价值，因为他人也许可以帮你分析那些让你存在疑虑的记忆。

于你而言，这本书也可以作为客观的合作伙伴。运用第二章讨论过的常用策略，像照镜子一样，把你的经历罗列出来，看看你能发现什么样的镜像。

记录你的想法并流畅地写下来，不要停下审视自己或是阅读刚写的内容。通常，写字的行为与大脑负责逻辑思维的左半球相关联，因此尝试拿不太惯用的手书写，虽然字迹缭乱，但这个转换将会激发更多更为直观的心理过程。如果感觉被困在了过往中，那么这种方法能帮你跳出自我审查的框架，然后，用分析的眼光来阅读自己所写的内容。

说出具体情况

菲利普的故事只是为了展示识别和接受煤气灯行为可能会出现的障碍。也许，别人会说你“只是在演戏”，是“自私自利的”，或者你总是“说谎话”“破坏家庭关系”。识别、标记这种压制性伎俩能帮助你坚持真理。

一旦有了信心，你就能描述出正在发生的事情，也能理解某些意外和神秘的触发因素，如偶尔不知出于什么原因，你会对另一方充满强烈的情绪反应。当标记出正在发生的事情时，你就重新获得了自我掌控的能力。一旦识别出对方操控策略的循环方法，你就能更自由地走出这个操控游戏。你的痛苦并非虚构，它是真实而有意义的。

怀疑遭遇了煤气灯行为时，一定要提醒自己，甚至大声说出“我感觉自己遭遇了煤气灯行为”。你可以退一步，查明具体情况，或者通过提问、大声说出你知道的事情或询问目击者来收集更多的信息，让自己摆脱“疯狂的循环”，并有意识地决定如何应对。

如果你怀疑伴侣正在用煤气灯行为对你进行欺骗和掩盖，或同事以此掩盖其腐败的证据，请列出让你怀疑的场景和他们的解释。把这些都写下来，其间不要推理或举例子，更不要让他们试图进行合理化的解释。写完日志之后，再客观地阅读一遍，并与之前的日记做对比。也许，你可以与值得信赖的朋友或治疗师分享所罗列的清单，听听他们的想法。

相信自己的直觉。想想在哪里以及如何获取更多的信心，并以此确认自己的疑虑，而不是逃避恐惧。真相或许会让人痛苦，但不久之后，也会让人摆脱焦虑和疑惑所带来的持续性伤害。

你不应该被责备

当你开始接受双方关系中发生的事情时，请记住你不该受到责备这个基本事实。不管你们的互动多么混乱不堪，也不管是什么样的互动模式，都应该由施虐者来承担撒谎、操控和煤气灯行为的责任。

也许，在理性上，你很清楚，可面对真相时，心又会变得不坚定。现在，请你相信自己。观念的转变需要时间，尤其经历过创伤的感受和认知相脱节是很常见的，因为创伤阻碍了正常的处理过程，并将思想和感受锁在不同的大脑区域。如果受困于此，稍后我们会讨论的基于大脑的强大疗法和工具，会帮你深入整合你已知却没有感受到的真相。

煤气灯人所有的行为都出于逃避责任，因此与他们相处时，接受自己不该被责备可能具有挑战性。他们的目的就是将责任推给你，让你接受扭曲的事实。想要挣脱就必须认识到这种权力游戏的目的，并加以拒绝。你必须承认，无论是煤气灯行为，还是其他对方想隐藏起来的行为，都不是因为你有过错。

达成协议

也许，接受不是一个顺利的直线性过程。有时，你可能会强烈地感受到一阵坚定、清晰，甚至愤怒的情绪，然而，第二天你也许又会开始自我怀疑。

现在，请重新阅读并反思你所写的日志。闭上眼睛，感受自己，听听自己内心的声音。

当你有了清晰的意识和理解力时，你就会感到平静。当然，这也会夹杂悲伤和愤怒的情绪，但困惑终将化成镇定和自信。此刻，虽不用做出决定，但相信你已开始知晓，改变也悄然来临。清晰的思维不断被发现且与日俱增，这也让你开始走向自由。

为了帮助你将“接受”内化，请尝试以下的练习，在所处的空间选择对自己有用的内容。

练习一：联结 DOTS

这个练习改编自接纳与承诺疗法（ACT），有助于澄清你可能正在逃避的现实。拿一本日志记录下自己的回答：

首先，列出你可能回避的想法、感受、恐惧和记忆——在双方的关系中，你能想到的任何与煤气灯行为和情感虐待相关的事情。

其次，识别 DOTS。

D：为了避免想这些事情，你会采取什么方式分散注意力？（如看电视、购物、八卦或在社交媒体上互动）

O：为了避免它们，你选择了哪些方法？（也许是电话交谈、正面对峙或借用其他人际关系的帮助）

T: 为了避免这些事实，你将如何改变自己的想法？（如推理、否认或最小化）

S：为了避开这些行为及其带来的感受，你使用过哪些物质化或自残的行为。（如酗酒、暴饮暴食或自残）

最后，考虑一下这种回避是如何让你感觉舒服的，又怎么让你感觉心里受伤的。如果已解决了DOTS的问题，并且你也了解并接受了这些真相，那么如今你又会在哪里？（你会去寻求升职、结交新朋友，拥有更好的身心状况吗？）

练习二：使用情绪释放技术

这个练习基于穴位按摩原理，其方法是轻敲关键的穴位，并结合接纳性语言。

· 以 0 到 10 的分值记录煤气灯行为和情感虐待带给你的痛苦程度。

· 用两根手指轻敲眉毛，并重复以下话语："尽管不喜欢现在发生的事，但我会深深地、完全地接纳自己。"

· 继续这个过程，将轻敲位置移到眼睛外侧、眼下方的骨头、鼻子下方、下巴、锁骨，最后在头顶结束，并在每个位置重复说出上面的话语。

· 重新评估你的痛苦程度，继续这个过程，直到你感觉到更大程度的平静与自我接纳。

练习三：创造平静

这个练习有助于帮助你建立个人资源和应对技巧，在你接纳痛苦的真相和情绪的过程中提供帮助。

在考虑所有感官的基础上，请列出五种能让自己感到平静的事物。例如，具有特定香味的蜡烛或精油、抚摸宠物的感觉、舒缓的音乐曲目或凉茶的味道等。

1. ______________________________
2. ______________________________
3. ______________________________
4. ______________________________
5. ______________________________

坚持使用这些感官镇静辅助工具，不是为了避免痛苦，而是为了帮你克服情绪虐待引起的感觉。当你有能力使内心恢复平静时，你会意识到，自己可以接受痛苦的真相而不被其影响。

现在，你已经开始接受双方关系的真相。通过探索与煤气灯人相处所出现的典型模式，我们可以加深对自己的认识和理解，进而越来越有能力打破这些枷锁。

第二步
了解煤气灯行为的循环

为了摆脱煤气灯行为，就需要了解其行为的循环模式。当你了解了这些惯用的行为模式时，你可能会觉得有些很熟悉，而另一些则与自己并不相干。

当你阅读每段文章时，请注意自己出现过的反应。你需要注意身体出现的反应，并保持开放的态度。即使你已经识别出了所受的伤害，但是请你依然继续学习如何在日后抵御伤害。这能使你保护自己不受伤害，以后只与那些能给你带来健康生命的人建立关系。

关系模式

与煤气灯人的关系有几种常见的模式。当然我们探索这些时，请记住，并非每种关系都遵循某种模式。煤气灯人与目标对象之间可怕的相处模式，取决于煤气灯人的病理和类型，是虐待型、自恋型还是防御型。

情感轰炸、贬低价值、情感丢弃

罗丝是安吉丽娜的老板——一位强大、成功且有影响力的记者，罗丝的关注让安吉丽娜十分兴奋。

安吉丽娜认为，能够得到罗丝的表扬、关注、午餐邀请，以及考虑让自己完成激动人心的任务都是对自己的认可，罗丝甚至还暗示安吉丽娜有一天也可能坐在老板的办公桌前。

不过，安吉丽娜注意到罗丝有时也很粗鲁。罗丝对安吉丽娜的着装风格进行过刻薄的评论，甚至让安吉丽娜的着装风格更接近自己，这些行为安吉丽娜都试图忽略。罗丝对安吉丽娜的写作也给出过严厉的评价，并当着同事的面批评她。此时，安吉丽娜告诉自己，罗丝是她的师傅兼老板。而且，罗丝还时不时地告诉安吉丽娜能发挥出自己的所有潜能。

安吉丽娜的工作质量不断提升，可得到的消极评价也越来越多。例如，“你就不能做对的事吗？”“这是你写的，还是你的狗写的？”安吉丽娜试图不理会这些评论，但好像越来越难。当看到罗丝邀请另一个实习生吃午饭时，安吉丽娜彻底垮了，这是之前老板给自己的特别优待。他们走出房间时，她无意中听到罗丝说：“我想和你谈谈你在公司的未来，你这么有潜力……”

没过多久，安吉丽娜被叫到罗丝的办公室。罗丝递给她一张解雇单，结束了她的实习工作。阅读时安吉丽娜强忍着泪水，当她抬起头时，罗丝说：“就这样，你可以走了。”安吉丽娜很委屈地离开了。

安吉丽娜的工作经历描述了情感轰炸、贬低价值和最终遗弃目标的循环。在进一步分解这个循环之前，让我们从另一个角度来考虑一下林和埃里希的浪漫关系。

夜校放学后，林与埃里希在倾盆大雨中相遇。林无助地站在漏气的轮胎旁，埃里希的出现显然很受林的欢迎，他给林换轮胎时，就让她坐在自己的车里等。

林被埃里希的殷勤迷住了，并答应与他到附近的一家咖啡馆里暖和一下，两人的关系也迅速升温。埃里希好得简直令人难以置信：英俊而周到，而且对林赞不绝口。当其他男人注意到林时，埃里希好像还有些嫉妒，真的很可爱。

虽然林还不想有过多的身体接触，但埃里希却希望两人的关系能快速发展。林答应了。

没过多久，林就注意到了埃里希的变化，他显得很冷漠。每次一起出去，他都会看向其他的女孩，还说是林胡思乱想。有时候，他刻薄的回复让林很吃惊。当林跟他分享自己感受到的变化时，他却嗤之以鼻。“我能跟你这样的女孩在一起，你应该充满感激。你不是我的全部，你知道，我可以拥有任何我想要的人。”

不久，埃里希用事实证明了他的残酷。林走出教室，发现埃里希的车停在她的车旁，他正在亲吻另一个女孩。埃里希抬起头，直视林的眼睛，假装一笑后，又转向了那个女孩。

在生活中，你如果没有经历过始终如一、真实且无条件的爱，那么你就很难区分爱和情感轰炸。前者关乎你和你的幸福，后者关乎他们以及他们想要占有、操纵和控制的欲望。情感轰炸可能涉及送礼物、奉承、过度赞美、在友谊或浪漫关系之初快速进展、建立依赖、时刻提醒你关于他们的“帮助”，以及你过去的弱点和问题。他们承诺会实现你的每一个梦想，可这一切不过是虚幻的。一旦“赢得”了你，他们就会贬低并抛弃你。他们可能会批评、羞辱你，把你和其他人进行比较。情侣通过贬低你的手段来进行欺骗，并以此捍卫他们的行为，而朋友也可能会因为不了解真相而对你进行口头攻击。

相反，真正的爱人会关注你的幸福。他们渴望与你在一起，是出于对你的欣赏。也许，他们也会赞美你，但那种感觉自然而真诚，且不期待任何回报；他们会送礼物给你，但永远不会说送了什么或你欠他们什么；如果以某种方式帮助或“拯救”了你，他们也会尽量弱化并专注当下。

犹如捕食者研究猎物，利用情感轰炸的煤气灯人也会研究你。他们试图与你拉近距离，同时将自己隐藏在一个精致且富有魅力的外壳后面。他们了解你的弱点，他们装成有爱心的倾听者，并打算借此控制你，他们的感情只是看起来很真实。在亲密关系中，尤其是两性关系中，人的大脑会释放一种叫催产素的激素，它能促进彼此对这段情感的重视程度。在理想情况下，这种激素通过创造爱和联结的感觉来加强重要的社会纽带。这种感觉，虽然体验起来很美妙，但也可能会无视理性意义上的危险标记。

一旦使用情感轰炸成功引诱，并确保你依恋他们时，这种爱情游戏在他们眼里就变得无聊。此时，他们就会开始贬低你，其实，他们并没有变，他们从一开始就在某种程度上鄙视或怨恨你，他们既欣赏你的优秀品质，也感受到了来自你的威胁。现在，他们要摧毁这些优势，以恢复对自己的关注和主导地位。他们批评、羞辱、弱化你的成就，突出自己的成功和权势。他们还当着他人嘲笑你、乘机要你兑现之前的承诺。

如果你曾经观察过猫和老鼠的行为，那么你也能识别出这种模式。首先，猫以极大的兴趣研究啮齿动物。接下来，猫会玩弄它的猎物，慢慢地伤害它，放了它，再攻击它。最后，猫厌倦了这个游戏，留下的老鼠要么死了，要么受了重伤。游戏本身要比结果更重要。同样，使用情感轰炸的煤气灯人最终也厌倦了这个游戏，并转向下一个目标。通常情况下，在游戏的早期阶段，新目标早已出现在他们的生活中。这种煤气灯人，通常是自恋狂或虐待狂，他们需要持续不断的崇拜，并且目标也不止一个。

吸尘

詹妮克终于摆脱了迈克。她用收集到的酗酒和带孩子酒后驾车的事实证据与迈克进行了法庭对质。当孩子和打包好的行李已经安排妥当并在车上等候时，她总算是离开了这个家。尽管她的丈夫否认长久以来对她精神方面的虐待让她产生了自我怀疑以及对她的多年把控行为。

几天之后，她在社交媒体上看到了迈克和其他女人的合影，她很惊讶。不久，她便收到他的短信："詹妮克，我失业了，付不起房租。你能帮我一次吗？"他毕竟是孩子的父亲，不能让他流落街头，出于同情，她给迈克转了钱。

之后，迈克的短信和电话越来越多。迈克还曾拿着鲜花来恳求她的原谅，甚至威胁说，如果他被拒之门外，他就自残。某天，他又开着车来了，后备箱塞得满满当当。他说自己没有地方可住了，她不能收留他吗？就像曾经一样，他需要她。

詹妮克回头看着孩子们，看见他们正紧紧地盯着迈克。她知道他们想念自己的父亲，如果她现在说不，那么她就成了坏人。迈克借机承诺不再喝酒，一切将重新开始。

她把门打开，再次让他进来了。

吸尘是煤气灯人常见的行为模式。在情感轰炸、贬低价值和抛弃目标的循环后，他们还需要来自其他人的崇拜。很快，他们就需要继续掌控，借助能用的任何策略来吸引你，如倾诉共同的经历，利用孩子、承诺、怜悯或是谎言。像真空吸尘器一样，你的自我意识和独立意识被吸入了煤气灯人创造的无尽的需求空间中。

也许，吸尘会呈现出熟悉的形式，在关系早期重建行为模式。情感轰炸、贬低价值的行为周期也会重新出现并加速，虽然每个阶段都不长，但也不会让你感觉舒服，你也无法意识到他们正在做什么。他们可能会把道歉、奉承、许诺更好的未来和送礼物等方式结合在一起，偶尔夹杂一点内疚的语言和侮辱，让你感到不安、困惑，既缺乏安全感，又充满希望，因为这是他们出于自己的目的，故意让你产生出这些感觉。你可能觉得他们此时不会侮辱你，然而设计好的批评迅速砸来，其目的在于破坏你的自信，也让你没有勇气离开。

请注意煤气灯人的具体行为。他们可能会用新的观点来歪曲你们共同的过往，在新说法中，他是被你错怪的受害者。一旦感觉不对，请相信你的直觉，这是他们故意让你感到内疚的。你清楚地知道到底发生了什么，你有充分的理由离开，别灰心，请坚持下去。

消失与沉默

作为朋友，尤兰达真的很关心桑德拉，她们在艺术学校相识并且一见如故。桑德拉很快建议两人同住，尤兰达也觉得不错。

两人起初住在一起时确实很有趣，随着尤兰达社交范围的扩大，桑德拉似乎时而高兴，时而愤怒。尤兰达和同学出去吃寿司后，桑德拉便一个星期也没有和她说话。

尤兰达反复询问发生了什么事情，但桑德拉只是耸耸肩或是喃喃自语说“没什么”。几天后，尤兰达发了一条很真切的信息，希望能平息朋友的情绪。可桑德拉却指责尤兰达“过度敏感”“无中生有”。桑德拉恢复了和朋友正常的互动，但从来不承认自己生过气。尤兰达感到很困惑，这是她臆想的吗？

不久，两人之间出现了一次更大的分歧。尤兰达开始约会了，桑德拉时常抱怨尤兰达没有时间陪自己。似乎每次尤兰达计划约会时，桑德拉就有一个需要立马解决的危机。

某天晚上，尤兰达刚刚和男友出去，就收到了桑德拉的短信，说她需要和尤兰达谈谈。尤兰达决定先缓几个小时再回复，等到时候再说。

当尤兰达回到公寓时，发现桑德拉已经走了。尤兰达试图再发信息给她，也没收到回复。尤兰达第二天早上醒来时，仍然没有联系上桑德拉，

> 尤兰达很担心。她在课堂上找到桑德拉，对方直截了当地告诉她，昨晚住在一个朋友家里，然后走到尤兰达的对面坐下。她故意忽视尤兰达发送的短信及前一晚想要交谈的想法。周末，桑德拉返回家里，收拾好东西后便离开了。尤兰达想再次联系她并试图弄清楚是怎么回事时，却发现桑德拉已经屏蔽了自己的电话。

桑德拉展现了煤气灯人的许多特征，采取情感轰炸、贬低价值和情感丢弃的循环。最后，她采取沉默策略，切断了与尤兰达的联系，试图控制她并让她主动来找自己。桑德拉搬走并屏蔽了尤兰达的电话号码，她并没有试图解决冲突，而是直接切断了与朋友所有的联系。

煤气灯人利用这些策略，控制关系的互动方式，掌控事情的发展方向。因为他们采用默默离开的方式，触动你的心弦，引起你的关注，以达到他们操控你、让你担心自己可能做了伤害他们的事情的目的。这让你不得不主动寻求和解，也使他们始终保持权力和道德优势。

助纣为虐者

煤气灯人身边时常围绕着支持他们罪恶行为的帮凶。《绿野仙踪》中邪恶女巫的仆人后来被称为飞猴，他们作为虐待的委托人，帮助煤气灯人执行自私的目标。

飞猴不一定承认自己的角色，也许，他们只是无辜的、被人操控的演员，他们只是相信被捏造出来的事实，相信自己正在支持正义。他们也被煤气灯人迷住了，并相信煤气灯人是好人。

有些人思维敏捷，他们愿意做肮脏的事情来讨好强大的煤气灯人，通过这样的联结以让自己像个好人。他们为自己的极端行为辩护和掩盖，并逐渐演变成飞猴。

助纣为虐者通常展现的是一种常见的家庭相处模式，即把一个人当作替罪羊，这种情况在家庭治疗中被称为创造了一个“代罪羔羊”。他们与煤气灯人一起指责和羞辱受害者。例如，当经历性骚扰的人讲述被家庭成员虐待的经历时，他们常常会遭到羞辱，并被指责因为自己“勇敢的揭露”，毁掉了家庭里施虐者的生活。面对存在虐待的婚姻关系时，家庭顾问可能会强调忠诚和宽恕，或采取“双方都有错误”的立场，从而免除了施虐者也应该保护对方的责任。当配偶将虐待儿童视为“管教”，并把焦点转移到儿童的不当行为上时，他们就成了煤气灯行为的实施者。

飞猴的行为可能涉及监视、八卦、威胁、强化陈述煤气灯人是真正的受害者，以及隐瞒不当的行为。煤气灯人利用自己的魅力，通过直接或间接地承诺奖励、尊重和高级职位来争取这样的支持。他们通过嘲弄性的言论塑造自己的目标对象，以减轻他人的疑虑，同时强化了一种观念——他们所做的都是正确的。

关于边界，你学到了什么？

从本质上来看，煤气灯行为是对独立个体的不尊重，他们不断侵犯他人的边界也就不足为奇了。他们破坏了健康的关系框架，并把自己的意志强加于关系中。

侵蚀是缓慢而渐进的过程，因此识别跨越边界的行为并不容易。因为他们一直陪伴在你身边，还时常展现对你的兴趣和关心，有时甚至让人感觉像爱。他们还会用诸如“我很想你”“我只是嫉妒，你对我太重要了”等借口来扰乱你。

更可怕的是亲子关系的混乱，如果自儿时起，家长便不尊重你的自主权，那么成年后，无论面对父母还是新的关系中煤气灯人表现出来的吸尘、检查、苛刻的规则、打压或其他惩罚，以及跨越边界的行为，你都会觉得正常或在意料之中。没有经历过健康的关系，就很难了解被尊重的感觉。因此，那些会引起人警惕的信号，在你看来可能是无关紧要的行为或者正常的现象。

建立健康关系的方法

了解健康关系是什么样子的，是一件很重要的事，只有对比才能有助于评估当前的模式状态，并为未来提供想象。在一段健康的关系中，你可以有自己的空间、设立边界、可以拒绝，或者选择自己付出的程度，你周围的人也会很欣然地接受和尊重这些界限。反过来，你也允许别人表达需求和愿望，同时表现出对他们的体谅，也无须帮他们满足或实现其目的。双方关系中既有相互尊重，也有相互提升。

迫于关系或他人的压力

如果成长于情感虐待的环境，或许你就是调解人。有些孩子选择抵抗情绪病毒，但受到了更糟糕的对待；有些孩子为了生存，通过细心观察而选择做优秀或完美的孩子。他们忍受巨大的情绪负担，还承担了调节和安抚成年人的责任，这本该由成年人为他们而做。

你遵循着这种模式成长，也得到更多的关注或偏袒——至少父母会较少抨击你。你的大脑发展出奖励的循环机制，并强化自己去取悦他人。无论字面上或是情感上，取悦或“讨好”就等同于安全和生存，这在你的神经系统根深蒂固。

因此，你很难打破这种模式。当你发展外部关系时，无论是作为孩子与老师和朋友互动，还是作为成年人与伴侣、领导或精神团体互动，服从权威人格可能让人感觉更自然、合适，也更安全。你很难对人说“不”，因为成长中的创伤反应已经内化，并下意识地告诉你说“不”很危险，好人就应该顺从。这种经历塑造了肯德拉的约会模式。

> 肯德拉被雇用后，经理阿曼似乎立刻就喜欢上了她。她注意到自己总被安排在阿曼手下工作，还经常被叫来一起加班。她总是迅速回应，她怕说“不”会让他不高兴。
>
> 一天，肯德拉和阿曼单独在休息室，他搂住她的肩膀，并强吻了她，肯德拉被吓得赶紧后退。他冲她笑了笑（也许是在偷笑？），离开了房间。晚上，肯德拉收到了阿曼的短信：“明天下班后，换上可爱的衣服，我带你去看电影。”尽管心里感觉不太舒服，可她不确定该如何回复，只好回复说“好的”。

故事中，肯德拉展示出了讨好的反应。对于潜在危险或边界入侵，大多数人会做出对抗反应，而在成长中经历过情感虐待的孩子，学会了通过讨好化解冲突，以此创造安全、和谐的环境。脑海中下意识地重复着父母的话“别跟我说‘不’，小姑娘！”“不要走出我的视线！”这让她无法坚持做自己。

童年遭受过情感虐待，因提出需求而被惩罚的孩子，可能会发展出伴随终身的讨好型反应。你知道，必须顺从才有用，才能在关系中共存或得到重要的情感依恋，因此，任何可能给他人带来不便的需求，你都会放弃。病态的相互依赖关系也由此而来，其基调就是无力表达自己的权利、愿望和需求。一旦发生冲突，你可能会迅速屈服，且继续留在不健康的关系中，甚至还希望得到关注、善意或赞扬。

不难看出，这让你很容易成为煤气灯人的目标。他们敏锐地感知到你未被满足的情感需求，以及讨好的行为模式，并以此操控来实现其个人利益。如果童年时期就认识到没有平等的关系，你一生都会接受这种模式。

其实，这都是弥天大谎。你不需要和某人建立关系，且服从他们，这些只是他们想你这样做。无论与他人相处，还是独处，你都是极其宝贵且富有价值的。如果有人看到你的价值而爱你，不把你当作私有物品，那么你就可以与这样的人建立关系。在每段关系中，你都值得获取平等的珍惜、爱护和尊重。

你害怕愤怒和被拒绝

恐惧是一种强大的力量，可以激发行动或让人保持静止。恐惧会触发与生俱来的战斗力或逃跑反应，即将大脑核心深处的杏仁核激活，并让神经系统充满激素，通过战斗、逃离危险或像动物装死求生一样。这是一种快速的、潜意识的反应，是出于天生和本能的，并没有任何可耻的地方。

煤气灯人利用人自然的恐惧反应，通过释放愤怒、让你感觉到可能的身体危险或隐晦地威胁拒绝来激活你的本能，让你感到被孤立和被威胁。作为人类，生来就会对任何一种陌生场景做出强烈的反应。

个人的创伤经历会塑造内在的神经回路。如果成长于充满愤怒的环境，无论是对你、你的父母，还是社区，你的恐惧反应模式将变得过度紧张并随时准备做出反应。同样，如果成长过程中，不断遭到来自家庭或学校的拒绝和忽略，那么你也会提高对拒绝迹象的敏感度。了解过去，对于如何应对煤气灯人至关重要。

虐待型煤气灯人极其狡猾，他们会识别并利用你的敏感性，他们非但不让你安心和受到保护，反而在残酷的游戏中利用你的情感创伤来操控你。他们利用策略抨击你，强迫你服从。当你在痛苦中挣扎，且未下定决心前，他们又会满脸和善，引诱你再次陷入圈套。

这种模式对设立和执行边界提出了挑战，也阻碍了任何为自己挺身而出的努力。了解恐惧的来源以及战斗—逃跑—冻结的反应为自我关怀创造了空间，同时，也为摆脱虐待循环提供了关于自由的衡量标准。别人对你愤怒时，你感到难过是很正常的。注意你的感受，并大声说出来，要对自己温柔些。

无论感觉多可怕，你都有权利维护自己的边界。

了解更多

当你接受了你曾经遭遇过煤气灯行为的事实后，你可能想更多地了解煤气灯行为的循环和对自己生活的影响。了解自己因生活经历而一步步成为煤气灯行为捕捉的目标，有益于更深层次的治愈。带着这份意识和同情心，我们会在接下来的内容中更深层次地探讨治愈的过程。

如同人在船舱内是不可能看到整艘船一样，不要自我评价或是有自我批评的想法，如“我怎么早没看出来？”现在，就把评价想象成一张船舶布局的图纸，你只要选择是否要利用它走出船舱并决定是否下船。

以下练习旨在帮你认识并摆脱我们所讨论的循环。按照提示逐步进行，并在身边放一本日志以便记录。

练习一：识别模式

阅读第二步时，哪些循环或模式让你印象深刻？你最认同的内容是什么？花点时间说出你最熟悉的循环，并列举出自己所处的关系中遵循这种模式的例子。同时，注意哪些感觉被激发，以及身体哪些地方感到紧张。仔细注意体会这些，然后也记录下来。

循环或模式：________________________________

我生活中的例子：____________________________

练习二：解决对愤怒的恐惧

我们都知道一个简单的事实：注意力所在的地方会影响我们的感受，这个练习将脑点疗法中的凝视和正念原则与引导可视化相结合，以减少对于恐惧的不良反应。

想象一下近期不算严重的口头冲突：把注意放在逃跑、防守或反击的本能，或冲突发生时你被困的方式上，提醒自己这些反应都正常。

深沉而缓慢地呼吸，以抵消因恐惧而产生的急促呼吸。这有助于恢复流向大脑的血液，获得更高层次的决策能力。之后，将身体调整为自信的姿势，打开胸部，抬起下巴，注意伴随其中的情绪转变。

想象一个能触发你因愤怒或拒绝而害怕的场景，此时，为自己站出来并坚定自信地发言。注意你现在感觉如何，身体有什么地方获得了力量与平静？请同时保持这时的两种情绪。

想象时，注意眼睛会自然地看向哪里，让目光停留在那个区域，注意看到或感觉到了什么。从左往右有意识地探索目光扫视的区域，在身体感到最强烈的地方停下来。无论远近，在区域内找到一个固定点，让目光停留于此，注意内心的反应，保持一段时间。

准备就绪后，也许，你能感觉到更深度的平和、安静或勇气。闭上眼睛片刻，慢慢地深呼吸。如果此时有任何新的想法，请在日志中记录下来。

练习三：探寻义务

列举出三次你无法拒绝而又不得不做的事情。

1. ______________________________

2. ______________________________

3. ____

每次结果如何？回顾这些时，对于每个场景，你有什么感受？花点时间来设想一个积极的结果，然后为每个场景设立一个边界。

阅读至此，你已经能接受所有事情的真相，并对维持虐待关系的模式和循环有了更深入的了解。伴随自我意识的不断增长，你会产生一些情绪，现在是时候释放它们了。第三步，我们将探讨，为什么悲伤是一个必要而治愈的过程。

第三步
请允许自己悲伤

当你了解了所有遭遇的真相和影响后，也许，你会退到回避、抑郁或否认的行为模式。悲伤虽然痛苦，但能帮你释放伤害，并渡过难关。当你面对悲伤时，请对自己温柔一些。

为什么会悲伤？

当你接受了自己一直被他人操控、遭遇了煤气灯行为和情感虐待时，这些行为因根深蒂固不仅不易改变，而且一定会带给你失落感；当你们的关系既已发生变化，再也不会有童话般的结局时，这也会让你失去希望。对于决定与煤气灯人断绝联系的人来讲，即便如此，这种行为也意味着你将失去一种关系，尽管这种关系是不健康的，但关系本身已经为人类提供了一种必要的情感联系。同时，你还会痛苦地意识到，自己投入在关系中的时间也无法重新找回。

依恋随关系的建立而逐渐发生，放手也是如此。感觉不仅是建立关系的关键，而且是建立在情感浓烈的基础之上的，所以，想要放手同样需要时间来淡化感情。对人类而言，亲密关系是如此重要，一旦无法满足我们的需求、希望和期待，那么由此产生悲伤就在所难免。

如果没有经历过因悲伤而带来的痛苦的治愈过程，那么你很有可能会迷失部分自我；如果简单地切断与过往艰难岁月的联系，那么你也将失去理解自己人生故事的机会，也无法在当下充分了解自己。当继续承受着因失去关系而带来的痛苦时，你也就丧失了由压力而带来的美好，以及那些因反思、接受和悲伤而来的个人成长。

一旦跳过悲伤的过程，也许，你的情绪会深陷，并沉浸在痛苦中多年，思想与意识长期停留于麻木和否认的阶段。这些没有解决的悲伤很可能在未来几年通过抑郁、自卑，身体疾病的方式表现出来，并且还会对其他关系产生负面的影响。这会使你变得更加难以释怀，也难以重新开始。

即便痛苦，也不能跳过这个过程。失落会让人感到沮丧，所以更需要面对和释放。你的感觉是真实存在的，请允许自己释放悲伤。

经历失落

一旦接受了这段煤气灯关系的事实，你可能会感到深深的失落。从表面上看，虽然这种失落的感觉与失去关系和死亡都不相同，但真实存在。这种被压制的悲伤可能没有被他人意识到，以至于缺少了悲伤常见的慰藉形式，但是对你的身心而言，这种失落感的消除过程却起着重要的作用。

悲伤因个体的独特性和所哀悼的损失而不尽相同，不过，其主题和阶段又都有相通性，且遵循一个大致的顺序。但当你在处理失落时，仍然会返回早期的治愈阶段。

也许，你之前已经经历过否认阶段，或正在否认和麻木之间彷徨，没关系，只要能说出来是什么阶段就行了，这些都是悲伤过程的一部分。

清晰的自我认知会带来巨大的痛苦。也许，你会对关系的某些方面感到内疚或自责，这可能是情绪泛滥且无法抗拒的一个阶段。

通常，愤怒的情绪会紧随其后，它把悲伤转化成更有力量的东西，从而减轻痛苦。因煤气灯关系而产生的悲伤有其特殊性，愤怒也有着独特的理由。请允许自己感受它，听听它想告诉你什么。不要害怕自己的怒火，让它尽情地燃烧，火焰可能会烧得很高，但终将熄灭，变成柔和的灰烬。

悲伤的时候，人们往往会变得举棋不定。如果你因失去一段不健康的关系而哀悼，那么这也意味着你想重复尝试复合，因为总想着“只要”自己做些不一样的，或许结果就会发生改变。举棋不定来自因痛苦而生的绝望及对挥之不去的否认的记忆。

回到现实后，你可能会有抑郁情绪。你需要反思一段时间。你可能还会觉得孤独，因为煤气灯人会切断你生活中的其他重要关系。

通过反思，你对现实的接受力会逐渐加强，并为你带来一种平静和希望的感觉。你可以重新想象没有煤气灯关系的生活，此时新的关系就有可能出现。

复杂的悲伤

乔丹离开马克已经 11 个月了，可为什么乔丹觉得生活还是难以继续呢？她只得待在屋里，很少洗澡，也不怎么睡觉。乔丹时而愤怒，时而抑郁，她甚至想到结束自己的生命。

终于，乔丹意识到马克对她并不好。他会带她旅行，并送花给她，但转身就在朋友面前指责她。有几次，马克甚至动手打了她，还说每对夫妻都会如此，只是不会每天都这样。乔丹试图解决问题，可马克否认了之前的行为。乔丹感到无助和愤怒，但马克却说她歇斯底里。乔丹把这些对自己的责备压在心底，继续着两人的互动模式。

最终，她意识到这样的互动模式就是虐待，并搬回了母亲家里。可是，妈妈说她现在年纪不小了，不太容易找到可心的男人，让她继续勉强和马克生活。乔丹连续几小时看着电视，无止境地刷着社交媒体，希望以此淹没自己的痛苦。

她总是想马克，当她翻阅两人一起拍的照片时，他的帅气依旧会令她神魂颠倒。在社交媒体上看到他和其他女孩的合影，她会感到沮丧和愤怒。她想念被人渴望的感觉，觉得孤独是没有意义的。她怀疑两人的关系是否真的如此糟糕，如果不是她那么沮丧，也许就能解决两人之间的问题。

乔丹表现出复杂的悲伤反应，她失去的这种关系被认为是被压制的悲伤，因为它缺少了悲伤的常见慰藉形式来处理这种失落感，这种压制的伤痛感加剧很可能会升级为复杂的情绪反应。如果你总是沉浸在失去的情感中，尤其是由煤气灯人培养出来的情感模式，那么你会更容易产生复杂的悲伤。如果与煤气灯人长期相处，如父母，那你经历的悲伤会更复杂。

如果持续感受到无法忍受的疼痛，并超过六个月，那么这种情绪就变成了复杂的悲伤。你可能感到生气且无法入睡，并失去基本的自理能力，甚至放弃社交或自己的爱好和活动；你也可能会迷失在对煤气灯人的持续幻想中，总渴望着复合。如果被孤立了，那么你还会伴随着强烈的孤独感和空虚感，并且这种感觉会不断加剧。

最糟糕的是，复杂的悲伤会让人产生自杀的念头或企图。一旦发现自己有这样的想法，请向心理治疗师等专业人士寻求帮助。也许你现在感到绝望，但悲伤过后，这种感觉就会改变。请你坚持。

也许你会质疑，为什么对方如此伤害自己，自己还会对他们产生强烈的感情呢？关系是很微妙的，即便关系有害，我们也会寻求适应。也许，你的心胸宽广、富有同情心，并能在糟糕的人身上发现美好，即使这种品质很美好，但也不能因此放弃人际边界。你可以认可他人的人性，甚至爱他们，但不能让他人虐待自己。

人类有着与生俱来的联结倾向，即便在极端的情况下，也会产生强烈的情感和忠诚。斯德哥尔摩综合征记录了一种情况：人们对攻击者形成依恋，却对潜在的帮助者并不信任。瑞士银行抢劫案中，抢劫者把子弹打进了人质的腿里，因为这不是致命伤，所以人质就认为这是一种善意的标志。几年后，一名人质竟然嫁给了服完刑期的劫持者。也许，你可以把它理解为理性化的虐待，因为其中夹杂了情感的动人时刻。

在处理斯德哥尔摩综合征反应时，可能会导致另一层复杂的悲伤。当你意识到自己所拥有的并不真实时，就可能会产生羞耻、屈辱和悲伤的感觉。当你在处理这层复杂的悲伤时，请对自己温柔一些。

哀悼逝去的时光

比起丧失亲友，被剥夺权利的悲伤在关系结束的同时，会多一层对过往投入时间的哀伤。也许，你哀伤于失去探索其他健康关系的机会；回看过往的岁月，你曾努力假装成完美的小孩、浪漫的伴侣、积极的员工、真诚的朋友，到头来却失败了；又或许你选择了停滞不前、放弃了重要的梦想，你忍受着孤独，却错过了与支持自己的人建立友谊的机会。

或许，这是你第一次面对现实——原来父母从来没有那么支持过你，这会让你感觉很悲哀。如果能成长于真心支持和爱护你的家庭环境中，你又会是什么样子的呢？也许你会伤心，自己不仅听了这么久的谎言，而且还一直认为自己就是最差的。请允许自己感受这种悲伤，让它激励你走向更友善的自爱。

失去是真实存在的，其感觉也是弥足珍贵的。你可以哀悼这些损失，并从这种感觉中得到释放，走向更光明的未来。请充分利用今后的时间。这一次，请允许自己悲伤。

原谅自己

起初，你可能会因为与煤气灯人保持关系或纠缠不已而感到自责，但不要自暴自弃。你已经遭遇得太多了，煤气灯人的行为可能还会影响你，让你学会了为人苛刻，甚至对人讲话也会使用批评的语气。

从心里驱逐煤气灯行为，也是逃离关系走向自由的一部分。不要让他们的思想占据你的脑海，并塑造你的自我对话。你需要的只是善良和同情。

你本不该受到责备。无论这段关系让你忽略、接受、原谅或没能看到什么，也无论因这段关系给你带来什么样的错误，做了多少反击，煤气灯行为的产生从来都不是你的错。施虐者对于你，没有做到珍惜和保护，而是控制和操纵，那他们就应该承担全部的谎言和操纵的责任。

你唯一要做的就是接受现实和已经发生的事情，哀悼过往，释放悲伤，以及学会自我照顾。

体会你的感受

你的感觉真实有效，让自己感受它们。带着同情心审视它们，宽宥自己。你所处的关系艰难而特殊，并没有所谓正确的方式。

情绪可能会无处不在。也许，你在某天会感到突然愤怒，可第二天又因悲伤而痛苦；你也可能因孤独或遗憾而渴望或空虚，但也有充满希望的时候，可不久又发现自己被激怒了。

这只是治愈过程的一部分，就像剥去新的保护层，就会露出原来的污点一样。请注意触发因素，并记录下来。找到愤怒的源头，直到它化为更柔和的东西；找出痛苦的地方，让自己释放悲伤。无论因为什么，你必须先感受它，才能治愈它。

与信任的人（治疗师或朋友）交谈可能会有所帮助。让他们知道你只需要被倾听而不是提供判断或建议。你虽然受伤但并未被孤立，也不用独自承受痛苦，这种体验也是一种治愈。

痛苦地静坐过后，请站起来，播放一段音乐，营造你想要的情绪。走到另一个房间，最好去户外。视野的改变会让你更容易把糟糕的想法抛之脑后。进行积极或有创意的事情时，无论是慢跑、烘焙、清洁、绘画还是修理破损的东西，都会让你发现能量和情绪在发生变化。当你采取行动时，就可能会注意到痛苦并非静止不变，既然它可以改变，那么你也可以。

陈述悲伤

哀悼损失时，重复性陈述可以帮你在大脑中创建积极的、治愈的神经通路。这能强化令人欣慰的事实，也为情绪缓慢地从悲伤到解决提供了空间。看看以下内容，有哪几项能引起你的共鸣，试着写下自己对悲伤的陈述。

· 我拥抱治愈。

· 我破碎的心还会再次完整。

· 我让自己充分感受这种痛苦。

· 我接受损失，也不再抵抗。

· 我的悲伤不会永远持续下去。

· 我释放伤痛，带着美好前行。

· 宇宙充满爱，我是其中的一部分。

· 我并不孤单。

· ____________________

· ____________________

· ____________________

度过悲伤

雷离开她的社团已经一个月了。每当她询问社团的愿景时就会被指责，她已经无法忍受了。

她看到、听到的价值观和他们的实际行为相矛盾。领导拥抱她时，一只手滑到了她的屁股上，她被吓坏了。不过压垮她的，是他们编造的可恨的指责——她伤害领导。

雷觉得自己被彻底孤立了，她伤心欲绝。即便那几个忠诚的朋友，也试图用陈词滥调来消除她的痛苦。她为失去社团感到悲痛，可看到同样的事情发生在别人身上后，她又感到羞愧。自己竟然遭遇了这么久的煤气灯行为，还自以为正常。雷让自己感受着悲伤并记录了自己的失落、愤怒和孤独。

雷发现让自己感受全部情绪时，出现情绪低谷的频率降低了。虽然还不确定自己加入新的社团会有什么感觉，不过这个想法也不再让她反感。这是雷几周以来，第一次感受到了希望。

犹如不同的人遭受的损失不同，悲伤的过程也一样独特。离开一段有害的伴侣关系时，悲伤可能包含许多生活的重组；但失去母亲（即便她从来没有支持过你）或无法获得童年的安全感而导致的悲伤，可能是更私密、更隐藏，甚至极其深刻的痛苦。也许，你的悲伤与工作相关，如反对职场煤气灯行为而失业，这让你不仅面临不确定性，而且还有多年投入的损失。这些不同的场景有着特定的悲伤模式。

这些悲伤的相通性在于允许自己感受痛苦，勇敢而富有同情心地去经历痛苦。当你面对损失时，悲伤就会消退；可当你试图忽略它们时，悲伤反而会束缚我们。在这个混乱的阶段，没有正确的感受方式，没有完美的路径，唯一需要的是自我意识和自我宽恕。

就像雷一样，悲伤开始消退时，希望也悄然升起。关于自己、他人和世界，你可能会萌生新的意义或理解，这样的智慧来之不易。或许，你发现了一种安静的能量，它为你注入了前进的意志。如果这些于你暂时还遥不可及，也没关系，你只需要注意现在处于哪里，不要着急，因为你终将到达。

当你感觉不舒服或痛苦时，悲伤就会是一种可怕的感觉，就像刚起锚的小船迷失了方向，在大海深处漂泊。虽然没有路线图，让你克服这种独特的痛苦，但以下练习可能有助于你度过这个过程。

练习一：写一封信

悲伤往往伴随着不完美的感觉。总有很多欲言又止的话，要么苦于联系不到倾诉的对象，要么是觉得这样做不明智。为了解决悲伤引发的多层次情绪，请考虑写一封信。这封信可以写给煤气灯人、飞猴，甚至自己。请大胆表达你的震惊、愤怒、纠结、悲伤和接受。

也许你想写一系列信件，或一封象征告别的信。这样做不是为了最后的交流，而是给自己留出空间来表达还没说出口的话。之后，你可以把这些信藏在日记本里、撕碎或在治愈之后安全地烧掉。

练习二：做出调整

悲伤时常伴随着或大或小的模式调整。为了帮助你度过这个重组阶段，请拿出一本日志，花一些时间，针对如下问题自由地写下你的答案：

· 内心调整：既然已经识别出了煤气灯行为的本质，那么现在我是谁？

· 外部调整：当我因为这段关系所缺失的内容悲伤时，我想要做出哪些改变？

· 精神调整：这段经历如何影响我对自己、他人和世界的信念和理解？我从中找到了什么意义？

练习三：治疗悲伤的光能冥想

这种光能冥想眼动脱敏再处理的疗法，能够帮助患者度过由煤气灯行为引发的悲伤。

找个舒服的地方躺下或坐下，闭上眼睛，把注意力转移到呼吸上。注意胸部的起伏和呼吸节奏的减慢。慢慢地吸气到充满肺部，之后再轻轻地呼气。

准备好后，想想煤气灯人的样子。注意你的感觉，但不要做任何判断，接受它们。环顾自己的身体，观察紧张的地方，让注意力暂停于此。继续缓慢、深沉而有意识地呼吸。

想象头顶有一个发光的球体正在转动，此时它正发出温暖舒适的光。看着它开始落到额头，滑过手臂并流向指尖。看着温暖的光线轻柔地包裹着你身体里任何因悲伤或愤怒而坚硬、紧张的地方，观察坚硬的外表开始变得柔软，让紧张慢慢消除。不要着急，坚持下去，富有同情心地观察，体验你的感受。请注意，紧张的情绪已经开始慢慢消退了。

时刻观察自己的状态，放轻松，继续刚刚缓慢的呼吸节奏。留意自己承受这种痛苦的力量，并正视自己面对悲伤的勇气。注意你的呼吸节奏，使你的胸部保持平稳起伏的状态，放轻松，慢慢地用力（呼吸），并保持这种状态。

第四步
专注自我

当你已经走出了悲伤，一个向内转变的过程就开始了。这不是自私，而是一个恢复自己意识的阶段，以此治愈自己长期被忽视的东西。你很重要，你的心理健康也很重要。让自己享受这迈向治愈的重要一步。

从情感虐待中治愈

情感虐待会逐渐伤害你并不断给你带来伤痛。煤气灯人会逐渐破坏你的理智，每一次抨击都会让你慢慢失去理性；同理，治愈也是一个循序渐进的过程，对自己有耐心是非常重要的。因为改变不是一蹴而就的，所以请不要试图仓促行事或批评自己。请给自己疗伤的时间。

只有先面对内在的伤口，才能释放悲伤。这可能很痛苦，但必须先感觉到它才能治愈它。就像外科医生打开身体切除肿瘤一样，必须先切除痛苦的源头，才能开始深度愈合。

患者要从医疗干预中恢复，就必须改变原有的典型模式，并“放松”一段时间。他们可能需要重新学习使用受伤的部位，最开始应减少活动，多休息，并请他人帮忙照顾自己。在一段时间内，让恢复成为最优先的事情，然后回归常规模式。情绪愈合也要遵循类似的过程。

当你从悲伤走向治愈，说明你已经开始回归自我了。想一想，在这段让人失望的关系之前你是谁？如果没有不断的批评和困惑，你又会是谁？你现在又想拿回哪些曾经放弃或失去的东西？

有些人可能遭受了太久的情感虐待，很难认出“以前”

的自己。如果没有潜意识的自我回归，这可能需要一个更加富有想象力的过程。你内心受伤的小孩可能需要同情心和爱才能让他沉睡已久的潜力再次发挥出来。

经历治疗的过程

暂停片刻，回顾现在你到了哪里，看看自己走了多远。即便未来还会给自己外在和内在的压力，但此时也值得先庆祝一下。

在康复的过程中，请对自己温柔些，实践自我关照，并尊重自己的内心。你可以放下生活中的一些事情，并对新项目和承诺说“不”，这样一来，就能保持精力并专注治愈这项重要的事情。花些时间自省和关照自己的内心。

考虑一下，谁能支持你走过这一步。是否有信任的朋友或亲人能给你空间，他们在耐心倾听的同时，不实施煤气灯行为，不会对你的感觉不屑一顾，教育你或是急于解决问题？

如果你的社交范围很窄，且因不断遭受煤气灯行为而导致对他人的信任度也越来越低，那么想要找到合适的人就会非常困难。此时，治疗师的康复经验可以帮你处理和释放因为情感虐待而产生的悲伤情绪，同时会为你如何建立健康人际关系提供专业意见且是一位无法取代的倾诉对象。

拥抱自我关怀

“我真是个白痴”，科温这样想着，并赶紧回到他的车上。咖啡师刚甩给他一张臭脸，而自己还想着恭维对方几句，现在想想都让人生气。“难怪我孤单一人”，车玻璃上的人像正皱着眉头看自己。

“不对”，科温纠正着自己。我是人，人人都会犯错，咖啡师摆臭脸也许跟我没什么关系。他深吸一口气，然后上了车。先前的自我批评像出自控制欲极强的哥哥之口，而他早已支配了科温的生活。他打开最喜欢的音乐，摇下车窗，享受着凉爽的微风，将这一切抛在脑后。

自我关怀对于情绪治愈和成长至关重要。认识到煤气灯行为本身及其带来的痛苦会把你带到一个十字路口：通过自我批评把痛苦内化，并持续下去或者选择对自己温柔友善。许多人没有意识到这是一种选择。没错，自我关怀的确是一种选择。

也许，有人会说，批评能让人成为更好的人。煤气灯人可能会利用这个借口辩解他们的残忍。其实，严厉的批评只能成为阻碍。自我关怀不是否认错误或失败，而是温柔地接受自己的错误。试着容忍不完美，并不代表放弃尽己所能，而是代表要无条件地完全接纳自己。

如果难以想象，那么可以试试这个思维练习：假设你是个三岁的孩子，刚刚创作完一幅手指画。虽然画面凌乱不堪，但色彩缤纷且令人愉悦，你骄傲地向学前班老师或家长展示它。作为三岁的孩子，你想得到怎样的回应？如果回到过去，从年幼的自己那里收到这幅画，你又会如何回应？

我想，你得到的将是温暖、欣赏和富有同理心的回应，因为你知道那个小小的自己已经尽力了。或许，你会在无拘无束的创造性行为中看到美丽的人性，并拥抱年轻的自己。这就是自我关怀的本质，不要求或期望完美，宽恕错误，期待成长却不急于求成。

从遭受的煤气灯行为和情感虐待中治愈时，请耐心、温柔地善待自己。原谅过去和现在所犯的错误，接受自己的不完美，以及也不会完美的事实。只要尽力而为，你就已经足够好。你的价值不需要夹带任何附加条件。

自我对话

消极的自我对话是自我关怀的克星。不幸的是，人很容易陷入其中，尤其是被已经建立好的模板深深地刻在心里时。为了消除它，创建新的心理模式非常重要。由于自我批评很容易出现，要有意识地对自己说些亲切的话语。

不要说“我把事情搞砸了，我从来没做对过”，而要试着说“我会犯错，我要再试试，我正在学习和成长”。

不要说"没人爱我"，而要试着说"我不必取悦每个人，我会接纳自己，我很可爱，也值得爱"。

请记住，这些重复的话会不断地被强化，是时候把自我批评甩在身后了。

努力抚平曾经的伤口

莱蒂西亚知道自己被虐待不是她的错，可她还是感到羞耻和内疚。一位朋友建议她尝试眼动脱敏再处理疗法。

在治疗中，莱蒂西亚分享了她的羞耻感，并相信一切都是她的错。她感觉自己说话时，就像一个蜷缩的小球。治疗师引导并追踪着她眼睛的往返活动，以此来刺激两个大脑半球。此时，她脑海中出现了一阵相关记忆，她把内疚的感觉、施虐者和童年时期的多起事件联系了起来。跟随记忆的线索，在不同组的眼球运动之间分享观察的结果时，她感受到情绪在膨胀和消退。肚子上的结松开了，她也坐得更直了。治疗结束时，她已筋疲力尽，像经历了长久的哭泣。

那天晚上，莱蒂西亚睡得很香。虽然梦里满是对施虐者的回忆，但这一次，她梦到与他并肩站在一起。在接下来的一周恢复治疗中，她发现自责的想法消失了。她想她已经准备好应对新事物了。

当经历的煤气灯行为和情感虐待的感觉持续存在时，向称职而专业的心理治疗师寻求帮助是非常重要的。治疗会提供一种安全、包容的环境，让你卸下你所承载的痛苦，还能让你体验一种修复关系。对方会给你空间且不加评判地支持你。脑点疗法的创始人大卫·格兰博士将此称为双协调——治疗师在进行精神治疗时，采取语言交流与非语言交流同步配合运用的方法，从而使身心足以承载过往的悲伤。

脑点疗法很强大，这种方法可以帮助你完成内在的康复步骤。它利用专注的正念力量，使你意识到身体中的情绪困扰，在处理和释放过往的痛苦情绪时，确定一个固定的视觉凝视点；视觉点经过精心挑选，可以触达存储目标记忆的神经网络，从而充分激活和释放它们的能量。不同于眼动脱敏疗法的左右眼球运动，脑点疗法通常使用双侧音乐（经特别设计，并在两耳之间移动的音乐）来增强对痛苦记忆的再处理。这一切需基于有爱心的治疗师，给予患者安全感和情感支持，在你专注内心时，他会与你同行。

眼动脱敏疗法和脑点疗法都是利用大脑的先天神经可塑性或自我改变的能力，通过处理令人痛苦的记忆以达到更深层次的治愈。通过同时激活大脑中存储记忆和相关感觉的部分，可以带来深刻而持久的改变。比起简单地换一种方法思考，它们帮助消除了破坏性记忆对大脑和身体的影响。当记忆得到适当的解决时，噩梦、闪回和侵入性记忆等创伤症状也会随之消退。

针对因人际关系的痛苦而引发的创伤所进行的深度治愈是非常必要的。因此，技术熟练而富有同情心的治疗师，在你的康复之旅中所提供的支持就显得极其宝贵。

记住，你无法“修复”施虐者

专注于自身和自我治疗愈时，你可能会想，为什么煤气灯人不能接受治疗？也许，你还会退回到关于悲伤的纠结阶段，想象另一个现实：煤气灯人也会进行心理建设，从而获得新的领悟，并改变自己。你可能会与他们分享新想法，甚至希望改变他们，由此创造你想要的幸福家庭、和谐友谊与公平的职场。或许，你认为只需要解释一下煤气灯行为，他们就会做出改变。

不过，你无法修复施虐者，你只能让自己治愈。人们都会改变，即便是施虐者，但改变只会在内心自愿时才能发生。虐待型和自恋型煤气灯人缺乏成长所需的勇气。

你能做的就是专注于自己，鼓励自身的治愈。你应该摆脱他们带给你的创伤，就算你想仍旧维持关系，请相信，你的成长也能带来双方互动的变化，但请把自身的健康作为前行的动力。

了解自己的需求和喜好

长时间受到外部的控制，或许你已经失去了自我的感觉，包括自己的喜好、愿望和需求。尽管这些被煤气灯人羞辱、忽视、蔑视和践踏，但它们从未因此而消失。

需求和愿望没有错，它们是使你成为人类和精致自我的一部分，更让你学会识别和拥有自我的需求。

当你感觉与自身脱节时，说明你已经开始意识到你的身体感觉，这是一个很好的开端。闭上眼睛，慢慢地从头审视到脚，注意此时的任何知觉，如焦虑或紧绷感。无论你的感觉在哪个位置，暂停并在那停留，保持这种感觉，仔细研究，也许你会发现某种直接而深刻的含义。比如肩膀紧绷，可能是需要放松肩膀、挺直身体或是移动脖子，也可能是焦虑或防御的信号。如果你有这样的感觉联结，那么请保持下去，并看看接下来会发生什么；如果没有，也没关系，只要你用温和、开放而充满好奇的心去留意就可以了。

无论你的需求是什么，都请怀着热忱向它们敞开心扉。需求没有对错之分，也没可耻之处，你的需求理应寻求实现。如果需求被延迟满足，请给予自己多一点自我关怀。

长时间被控制的你，可能无法冒险尝试新事物，或此时你已经放弃了曾经的兴趣和爱好。那么，现在是时候探索这些可能性了，请你尽情享受你的喜好。你可以品尝新食物、跳肚皮舞、留长胡子、穿上战斗靴和迷你裙。抛开规则，看看怎样才是真正的你。

放下你与煤气灯人之间的关系，并从他们给你带来的困惑中解脱时，你就已经在为自己建立空间了。了解、尊重和爱护自己时，就可以让你积极且自信地出现在人际交往中。这可能意味着你要坚定地抵挡试图让你退缩的浪潮，或是找到勇气选择何时离开以及离开的对象。与其选择安慰煤气灯人或让他们高兴，不如选择自己。

练习自爱

在生活中，如果你曾与自恋型煤气灯人长久地相处，那么自爱可能会令你抗拒。区分自恋和自爱非常重要，前者的表现是缺乏安全感、标榜自我、寻求关注和自我膨胀，后者则代表了心智健康、安静且自信。这不是内向与外向的问题，而是关乎同情和自信。

自恋型的人会说我最重要，而自爱的人说我也重要。基于内心深处的价值观和安全感，会让你比之前更充分地去爱他人。也许，你会发现爱有着无限的魔力，能打破自恋型煤气灯人的神话，而他们认为重视他人就意味着自己不再重要。

自爱源于对自己深深的同情心。你不需要假装完美无瑕或无懈可击，从根本上接受自己就像复杂却光芒四射的马赛克——由破碎而美丽的碎片组成。对外你或许温柔可人，请你把这样的温柔也留给自己。事情搞砸时，也请你原谅自己，以你温暖的声音待之，原谅那个严厉的内心批评家，请把有意识的自我关怀行为变成自己的习惯。

进行自我关怀

专注自我才可能进行自我关怀，这意味着认真了解自己的需求，并采取行动恢复或提升身心健康。

自我关怀充满着自信和对他人的爱与关怀，这对于全心全意生活至关重要。人们常说，要做自己力所能及的事情。自我关怀能够让你先照顾好自己，再去滋养他人。

自我关怀经常与自我放纵相混淆，但两者并不相同：前者能提升幸福感；后者则提供短期的满足感，长期可能会导致中性或负面的结果。前者可以像喝足量的水一样简单，也可以像定制授权训练计划一样复杂，它既是温和的，也是简单的，你甚至可以通过早睡、休一天假或亲近大自然来满足自我的需求。如果慢节奏过于频繁或为了逃避任务，那么就会演变成为自我放纵，甚至增加日后压力或造成财务影响。如果自我关怀看起来像朋友之间的真诚交谈，那么自我放纵就像令人讨厌和愤怒的八卦。自我关怀提醒你饥饿时可以吃喜欢的美食，而自我放纵会让你瞬间消耗完一大盒冰激凌。

自我关怀包含了一个事实：你有自己的价值，不需要等着他人来爱你，从今天开始，你就可以用各种温和的方式来爱自己。你应该花些时间治愈和成长，就像阅读这本书，这也是以一种自我关怀。

自我关怀源于自爱，同时也在强化自爱，这与你为你爱的人提供的关怀是一样的。当你在照顾孩子或亲人时，你需要为他们提供营养丰富且足量的食物；制订有规律的日常计划以保证睡眠，为他们创造体育活动和社交机会；当他们难过或受伤时，你也要展现你的同情心；当他们获得成就时，你也要庆祝他们的成功。这些都可以作为自我关怀的参考。

自我关怀是全新的，它颠覆了某些文化和煤气灯人的煽动性谎言，他们说你必须改变，你需要成为或做出不同的事情，借此赢得他人的关注和喜爱。当你活出了自己的内在价值时，你就会拒绝这些谎话，不再接受只有获得他人的称赞才是你需要实现的目标。在全新的颠覆中，你就可以抵抗煤气灯人强加给你的限制。

为自尊而努力

你理应得到也需要自我照顾，可低自尊会阻碍它的实现。阅读前面的内容时，如果你内心有所抵触，那么你曾受伤的心灵也许就需要围绕这个价值主题来治愈。破坏你的自尊是煤气灯人计划的关键，你越缺乏安全感，就越容易被操控。因此，许多长期遭受煤气灯行为的人的自尊心也同样受到了伤害。

要想摆脱煤气灯人的控制，回归自己的生活，就需要设法解决被贬低的自尊心。建议花时间进行反思：实话实说，你觉得自己怎么样？看着镜子，或想象走近人群时，你会讲述自己的哪些故事？

如果你所感知到的缺陷很容易就被列出来，请尝试用“即使”的表述来改变内心的想法。例如：“即使不喜欢身体的粉刺、皱纹、体形、身姿或某个部位，但我仍会完全接受自己。”“即使我希望有更高的学历、更有趣的工作，但它们并不能定义我或我的价值。”虽然这种认知重构不能在一夜之间改变你的感受，但是练习新的陈述，会让你逐渐重新训练你的大脑，形成新的神经通路，并引导你摆脱自我厌恶，让你重新找回自尊。

如果煤气灯经历具有创伤性，那么你就不能仅靠认知重构来进行重要的内心转变。一旦低自尊与特定的痛苦记忆相关联，记忆就可能需要更深层次的再处理，但这没什么可耻的。了解自己什么时候被困住很重要，这能帮你适时寻找经验丰富的治疗师，他们将利用基于大脑的创伤疗法帮你消除痛苦的症结。

建立信心

建立信心、创造强大的自我意识可以增强自尊。一旦建立了自信，就有能力识别和抵抗煤气灯行为，以及抵抗它们所造成的影响，同时，自信能让你相信并坚持自己的真理，也让你为自己的幸福设定应有的边界。

建立自信的途径有很多，其中，体育活动的力量最强。可以考虑舞蹈、武术或瑜伽，这些都可以提供实现自我的途径，请允许你有自己的空间。成长是循序渐进的练习，错误也是可以接受的，你只需要正确地评估自己。当你掌握了这些技能时，也许你会注意到自信也开始蓬勃发展，无论是在练习室还是在生活中。

生理上的限制可能会使有些人尝试其他方向的活动。比如，头马俱乐部等团体就可以提供这种机会，让你身处支持性的氛围中，建立公众演讲的技能和信心。音乐是另一种强大的用以表达自我、调节内在和建立信心的方式。因此，你也可以考虑学习一种乐器、加入合唱团或参加声乐课程。

再小的变化也能改变你的看法和自我意识。练习转变与自己对话的方式，不要说“我做不到”“我会失败”，请说“我能做到”“我尽力了，已经足够好”“我正在学习和成长，没关系”。注意你的身体姿势：肩膀向后展开，并打开前胸部，微微抬起下巴，放松眼睛、嘴巴周围及额头上的忧虑纹，现在就试一下。由于身体与思想之间的联系错综复杂，请留意相应的情绪转变。

建立对自己的信任

长时间处于焦虑和自我怀疑的情绪中，会让人很难重新相信自己并获得安全感。你的神经系统会习惯性地高度警惕，以保持警觉来保护你，具体表现有失眠、肌肉紧张、持续担忧、心跳加快及呼吸急促。对一些人来说，长期感到筋疲力尽，人就会失去活力，并逐渐与直觉脱节，抑郁症就是这样的反应。

因此，很有必要将这些过高或过低的情绪重新调节到某种状态，精神病学家丹尼尔·西格尔在他的著作《心灵的成长：儿童心理学导论》中称它为“容忍窗口”。这个区域是温和的，你的内在智慧或直觉在此将重新发挥功效。此时，你能够容忍警告信号或悲伤，而不会感到压力过大；倾听这些情绪，按照它们的告知谨慎行事。你可以通过眼动脱敏或脑点疗法处理与当前情绪相关的旧有触发因素，这些情绪多因缺乏安全感而致。这或许是你为实现目标而送给自己的必要且自由的礼物。

温和的身体活动是建立自我信任的另一种方法。巴塞尔·范德考克（Bessel van der Kolk）博士创伤中心的研究发现，瑜伽可以对神经系统产生持久的镇静作用，同时为内感受和身体感觉意识的提升提供途径。内感受越敏锐，就越有能力接收身体给出的细微反应，也就是我们所说的直觉。信任自己，会令你重新获得安全感。

另一种建立自我信任的方法是专注自己的想法，记录你的想法、感受和观察结果可能会有所帮助。之后，认真检查你所写的内容，使用不同颜色的笔来区分“我的感受”“我的想法”和“我所知道的”。带着自信和坚定，你就会看到它们的区别。有些事情你知道是真的，请相信这一点。探索直觉所暗示的想法和恐惧，轻松谦逊地对待它们，但也不要完全忽略。你的直觉比你所知道的更明智。

在生活中，如果仍需与煤气灯人相处或怀疑有煤气灯人存在，那么无论关系亲疏都要找到目击人（证人）和做记录，这可能会让你受益。即便面对他们，也可以记录下来供以后参考。这种方法不仅可以帮你设定边界、阻止谎言和煤气灯人的操纵行为；更重要的是有助于让你恢复信心、相信自己的看法。一旦煤气灯人否认他们说过的话，你可以援引目击人或自己的笔记来建立对自己的信任，从操控者手中夺回自己的力量。

保持审视

到目前为止，你已学到了很多技能，这些可以增强自我意识、自我信任及自我了解。继续定期审视自己，让它变成一种生活习惯，而不仅是书本练习。慢下来、停下来，审视你的身体，每天一次或多次检查自己的情绪，这不仅可以成为开始或结束一天的好方法，而且也是定期检查的良方。如果发现自己变得烦躁，那么你要停下来向内看，并探索烦躁的原因。

简单地留心自己的感受，并用绝对的同情心去接受它。看看这些感受是否引导你采取了行动、设定边界或照顾自我。注意你在容忍窗口的位置，考虑可能需要或想要采取的步骤，并以此来恢复你的平衡。请记住，你值得拥有一切。

持续的过程

读完这部分内容，也许你已然了解了这一切之间的联系，即同情心、自我了解、自爱、自我照顾、自尊、自信及信任自己的能力，这些相互依赖的联系。治愈和成长是一个过程，虽然不能急于求成，但可以通过提升对自己的宽容和耐心来强化疗愈。也许，你觉得这很困难，也有点荒唐，但你只需要留意内心批评家的抑制，并及时清除这个消极的声音就行。这次，请留给自己足够的空间和同情心来成长、治愈并强大。

进行这些步骤时，你可能会重新阅读本书，并开始注意一些细微的变化。回顾日志时，或许你就会注意到一些转变。虽然你尚未意识到，但改变已悄然发生。我想你正在释放痛苦、拥抱治愈和寻找自由。

完成此步骤时，下面的练习有助于强化已经开始的疗愈。花点时间认真完成每项练习，以便可以在需要的时候作为参考。

练习一：安静的地方

这个练习在眼动脱敏疗法中用到过。感到不知所措时，它就成为帮助恢复情绪平衡的有效资源。

想一个让人感到平静的地方，以前去过的就可以，想象中的地方也可以。想象自己独处时，能让你感到平静和安详的地方。

在场景中找到你的位置。你看到周围有什么存在，都是什么颜色？你是坐着、站着还是躺着？此时你心里感觉如何？想象一下沙子的温暖，青草的凉爽，岩石、木头或椅子的坚固。在这里，你闻到了什么气味？是咸咸的空气，还是成片的松子香？你听到了什么声音？当阳光和微风拂过你的皮肤，你是什么感觉？如果你身处室内，裹着一条柔软舒适的毯子呢？

沉浸在这个场景中时，要注意身体发生了怎样的变化，呼吸发生了怎样的变化，肌肉是否放松了，身体的姿势有什么变化。请仔细留意你的感觉。

轻轻地闭上眼睛，只要感觉合适，请保持住。让自己沉浸在你的需要中。准备好后，就可以回归到日常，了解能让自己保持平静的地方，需要的时候，你可以随时返回。

练习二：重新陈述消极的自我对话

想要内心的批评家沉默，就需要让自己熟悉这些常见的抨击方式。花些时间用真理来对抗这种消极情绪，可参考表 1 的内容，进行自我对话。

表 1 自我对话的方式

我告诉自己的负面想法	用以抵抗的真理
我做什么都不对	我可能不擅长每件事情，但我有擅长的事情，我也在不断地学习

在提示卡或便利贴上写下用以抵抗的真理，并放在经常能看到的地方，这可能会对你有所帮助。重复练习，直到它们变成习惯。

练习三：自我照顾的策略

在表 2 填写至少一个你可以照顾自己的方法。

表 2 自我照顾的方法

项目	方法
身体	
社交	

续表

项目	方法
情绪	
精神	

当你做到这一步，说明你已经悄然开始了一些非常重要的事情。学会爱自己是培养健康和令人满意的人际关系的基础。你的自我意识和自信正在不断增长，在此基础上，我们可以考虑如何设定健康的边界，并用以支持你应得和渴望的自我照顾。

第五步
建立健康的边界

当你给自己时间、空间和关怀来增强自我意识、自尊和自信时，你就已经为建立健康的边界奠定了基础。如果你的内心对这一步的主题内容有任何抗拒，那么你要多留心。现在，回顾我们以前所学到的，表现真实的自己：你很重要，你的自我照顾必不可少，你值得被看见，并温柔以待和被尊重。让我们探索如何在你身边培养空间，以促进这些互动模式。

什么是边界?

建立边界是为保护自身情感和身体空间而采取的具体行动，可以通过言语和行为来传达和实施，通常两种方式兼而有之。你可以这样告诉别人：“我很乐意电话沟通，不过晚上 9 点以后不行。”晚上 9 点以后，你通过关闭手机或忽略电话和短信来强化这种口头传达。

边界对于健康的关系至关重要，它可以保护你的精力，让你保持自我照顾，即在他人面前出现时，也不会让相互矛盾的需求失衡。失去边界的关系就会变得纠缠、相互依赖，甚至出现虐待。

建立边界需要时间和决心。原有的行为模式已经让人精疲力竭、不知所措，随着自我意识的增强，你可能意识到需要建立边界，这也许会与你既定的行为模式相冲突。在一段关系中，创建新的互动模式犹如驾驭一艘大船，付出的努力需要时间才能被认可、理解和尊重。这需要你持续地铭记自己的价值、重视自己的需求并坚持语言和行为的一致。

边界与煤气灯行为

边界能够在煤气灯人试图利用你的时候保护你，因此他们憎恨边界。虐待型煤气灯人喜欢玩弄你，边界则让你更能抵挡住他们的游戏；自恋型煤气灯人会创建以自己为中心的虚假的现实，而边界尊重你的空间，还能抵挡他们在此徘徊——边界能驱赶操控。

设立边界，不仅可以在当前和未来的关系中保护你，而且在生活中，还能为尊重你的需求和愿望的人留出空间。煤气灯人关注他们认为软弱或容易被操纵的人，而不会在自信和坚信自我价值的人身上浪费时间去建立关系。

尝试设定一个边界，如只有第三方在场的情况下，你才能与煤气灯人交谈，并借此提供一定程度的保护和确认，还能阻断疯狂的病态循环。之后，第三方不仅可以帮你处理潜在的操控，还能成为你对现实感知的精神支持。或者，你也可以设立一个标准，允许自己记笔记、将对话录音或坚持书面交流。

在生活中，煤气灯人的行为由来已久，所以一开始为他们设立边界，就一定会遇到阻力。他们的目标是控制你，以满足自己的需求，而边界会对此造成威胁。此刻，你可以预见来自他们的愤怒、自怜、徘徊、不告而别或是阻挠。他们可能升级为我们回顾过的策略，要知道，这些操控手段都意在破坏你的边界并重新获得控制权。既然你已经知道其目的和手段，就一定要做好准备。

被束缚而认不清边界的你

对许多人来说，设定边界是困难的，这通常跟“排斥他人”“自私自利”或“不够友爱”相关。对于那些被父母化的孩子（充当父母的照顾者而不是被父母照顾），边界成了他们“好孩子”标签的反叛行为。也许，你成长于亲子关系纠缠不清的家庭，父母与孩子之间没有明确的界限，他们也不允许你成长或完成追求自主独立或适当发展的任务。许多人在权威型家庭中长大，从小听到的教训就是“不要跟我说‘不’！”。当说“不”等同于“坏”时，边界在发展之前就已经被消灭了。

压制性的信息可能在生活中的诸多方面得到强化。拥有控制欲的朋友、伴侣或老板可能都会越过你的边界，比起本该付出的，他们要求的更多。他们用煤气灯式的叙述来阐释爱、奉献、崇拜或适当的表现，以此推翻你对恰当的关系边界的理解。他们经常使用内疚来欺骗你，让你陷入他们的布局。

谈到边界的意义，则有必要了解一下你关于无私与自私的价值观和信念。如果你认为照顾自己的需求很自私或不重要且让你充满了羞愧，那么了解设定边界对你可能会是一个挑战。尤其是女性，社会的影响让她们错误地认为，好女人需要无止境、无限制地付出。在你的经历中，如果爱和条件纠缠在一起，那么说“不”会让人害怕，还可能破坏双方的关系。此刻请记住，健康的关系不存在交易，你可以有边界，也应该被重视和被爱。

为什么可以设立边界

设定边界可以向他人传达我们是谁，以及我们需要什么。健康的人只可能误解你没有抵抗力，既不觉得有什么不对，也不想占你的便宜。例如，虽然已不堪重负，但你还是默默承担了老板给的每项任务，他们当然会简单地认为你很高效，这样的想法无可厚非。如果你总是同意帮忙照看外甥，姐姐怎么会知道你因为没有空闲时间而筋疲力尽呢？缺乏相应的沟通，就会产生怨恨并损害原本可能牢固的关系。沟通可以让边界展现出对他人和自己的尊重。

作为关系健康与否的试金石，你的边界会遭到煤气灯人的抵抗，但这不是放弃边界的理由。不断地给予、遭受虐待，始终无法满足自己的需求，这些都令你筋疲力尽、耗尽情感，还伴随自尊心的降低。但是，你值得被更好地对待。

健康的关系既包括给予，也包含接受。如果大部分情况下，总是一方付出精力和努力，可能表示双方关系缺乏沟通，且需要建立边界。

边界不必太过苛刻，与健康人的关系，可以创建可跨越的边界。如果边界是一堵墙，那么你可以添加一扇门并将钥匙交给尊重你的边界且可以信赖的人。例如，你或许想把周六早上作为“自己的时间”来阅读、锻炼或做其他可以让你精神振奋的事情。可能有些朋友在这个时间需要你，当你知道他们不会借此机会利用你时，你就可以适当调整与他们相处时的边界。设立边界不代表把爱拒之门外。

从头开始

也许，你已经接受了边界，但不知道如何开始。让我们来看看如何建立适应你的需求、生活环境，以及人际关系的新边界。带着好奇心思考下面的内容，可以帮助你确认生活中哪里需要设立边界。

健康的边界在行动

让我们看一些现实生活中关于边界设置的具体例子。

马里奥和罗莎一直在争吵。马里奥一回到家，罗莎就开始对他进行指责和口头攻击。他握紧了拳头，然后又松开，并深吸一口气，说道：“罗莎，我不想在孩子们面前争辩。我们可以稍后再谈。”罗莎继续喊他的名字，马里奥瞥了一眼孩子们睁大眼睛的脸，下定决心说：“稍后，罗莎。

我现在要去洗澡。”他亲了亲儿子的额头，又揉了揉女儿的头发，随即走进浴室，并锁上了门。

挂断妈妈的电话，艾莎浑身发抖。她盯着窗外看了几分钟后，就给姐姐发了短信：“埃博妮，你要是生我的气，麻烦你直接跟我说。请不要再跟妈妈抱怨了。我爱你，希望咱们之间的关系是坦诚而直接的。”

艾哈迈德逐渐意识到同事贝拉的行为模式就是煤气灯行为，他知道自己要继续这份喜欢的工作，就必须做出一些改变。“贝拉，”艾哈迈德说，“印象中，你告诉我的事情和报告给老板的事情总让我困惑。今后，我希望咱们一起讨论项目数据的时候，能有其他团队成员在场，我也会做笔记，以确保我记得不错。”

考虑自己的需求

有效的边界源于被认可的需求，你的需求很重要，而你最适合保护它们。如果你需要时间学习、与直系亲属独处、拥有更多的睡眠、获得情感安全而无须抵抗种族主义或身体残障的笑话，希望获得保姆不来的提前告知，满足这些需求的唯一方法是设立口头边界，之后用行动跟进。乞求、抱怨和怨恨都不能满足你的需求。

在健康的关系中，你与对方的需求可以共存。你既不要求对方满足自己所有的需求，也不会习惯性地用否认自己来满足他们想要的一切，更不会为了赢得对方的接纳或喜爱而让自己低人一等。

与你的感觉建立联系

回应煤气灯人的要求、请求、需要、内疚感和其他操控行为时，你的感受如何？如果没有按他们的要求行动，你又会有什么感觉？你会害怕他们的反应，或失去与他们的亲近感吗？

你的感受很重要。我们确实会在亲密关系中做出牺牲，但如果牺牲连续不断，且让你感到筋疲力尽、心生怨恨时，这种关系就会失去平衡。如果你无法想象在没有完成被他人期待的事情前便可享受自由，那么这就说明目前你们之间已经缺少了边界。

定期审视自己。注意你的感受，听听它们想告诉你什么？

考虑让你感到舒服的事情

现在，请你暂时搁置对方的反应。想象一个世界，其中你可以获得完全的许可和自主，可以决定如何出现在一段关系中。考虑一下，涉及诸如沟通方式、沟通频率和时间、对方如何与你交谈、如何谈论你、如何向他人透露你的秘密、谈论的话题、在一起时说什么、私下又会说什么、身体接触方面（如果有的话），以及你的私人空间等，哪些能让你感到舒服。如果处于煤气灯人的关系中，那么可以肯定的是，你对其中某些领域的互动模式一定会感到不舒服。

想象一段关系（不要自我审视），以上的自我偏好在其中都能被满足。这个问题没有正确答案，因为边界源于自我认识，像个性一样独特。虽然内向或外向的程度都可能会影响设立的边界，但不能决定是否需要边界。此时，你是一个有条理的人还是随性的人，在某种程度上同样会影响边界的设置——一成不变的，还是易受影响的，要知道每个人都需要与他人沟通和受到他人的尊重。

给自己许可

阅读并考虑这些问题时，也许，你已经意识到生活中需要在哪里建立或强化边界，甚至可能对边界的样子、想表达的内容或者如何通过行动支持也有自己的想法。关键的下一步就是给自己许可。

花点时间思考一下，阻碍你前进的恐惧或焦虑是什么。如果你说出你所需要的边界时，你害怕付出什么样的代价？你愿意付出代价的真实性有多少？由于没能建立或加强这个边界，你已经遭受了哪些损失？

建立边界是一种自我照顾的行为。要知道，你理应获得边界所提供的情感、身体和心理的保护。请重视你自己，并照顾好你自己。

太多太快意欲何为？

煤气灯人倾向于通过用溢于言表的爱慕，以迅速升级关系。因此，在建立新关系时，请注意节奏。要提防过早的爱情宣言，尤其是来自身体亲密接触的压力，或与刚认识的约会对象过早地讨论共同的未来。如果刚刚认识的人很快宣布你是他们最好的朋友，整天发短信息给你，请你务必留心他们。比如你需要留心想要快速让你晋升的团体，因为原本你可能配不上这样的职责或领导岗位。

思考一下什么才是舒适的与合适的。虽然滔滔不绝地向你表达钦佩可以提升你的自尊心，但也在警告双方的关系缺乏边界，有可能令人透不过气并产生操控行为。在健康的关系中，你可以留出时间反思跟某人或某个机构的互动经历，要跟着自己的直觉前进或离开。

自我意识与边界

重要的价值观源自强烈的自我意识，基于此而建立的牢固边界非常重要。不过，有些边界可能更灵活。意识到自己不断变化的需求和能量时，请坚持自己的需求，并及时设置因情境而变的临时边界。这看起来像一条基于原则的一般边界，如“感到筋疲力尽时，我不会去看望亲戚”。在实际行动中，边界通过制衡内心的一贯反应，使你以一种不责备、自信并富有主见的形式表达出来——“对不起，今晚我不能和你一起吃饭，期待下周再见。”

练习自信

边界设立需要自信。也许，你会跳过第五步的剩下内容，因为你认识这与自己的情况相差甚远。但是，在此之前，你要明白，自信是一种可以培养的技能。自信源自坚定的自我意识、了解自己的价值及说话的权利。

自信不是侵略，是介于被动性和侵略性之间的最佳中间点。前者因为需要被认为“好”而缺乏边界；后者因为想要为所欲为而无视他人的边界和权利。自信意味着坚定、冷静地谈论你的需求和愿望。

自信适用于不同的沟通方式，且没有所谓正确的模式。自信确实需要自我意识、直截了当和真实的自我交流。对于不断遭受情感虐待和煤气灯行为的人，以及缺乏自信、满是自我怀疑的人来说，拥有自信可能具有挑战。

如果感情和权利长期受到侵犯，那么想象在关系中建立新的边界可能会令人生畏，建议可以从后果较轻的场景开始尝试。例如，在餐厅吃饭却给你上错了菜，你可以郑重地找出问题并要求更换上错的菜品，不要安静地吃你不想要的东西或是挨饿，这样，也可以练习自信。要留意这种行为所带来的焦虑，因为你有权保持自信，并克服不适。忙碌时，朋友希望一起娱乐，你也可以设立自信的边界：与其从可怜的睡眠中挤出时间，不如试着说“我很希望能跟你在一起，但今晚不行，下周末可以吗？”在低风险的场景中说出需求，既不会产生生气的情绪，也不会让你退缩，由此你可以获得自信。如果你害怕的结果并没有出现，就可以在更具挑战性的关系中进行锻炼。

处理内疚与恐惧

因为不想让任何人失望，所以害怕对方的反应就成为边界设立的最大挑战。你可能因为拒绝而内疚，担心对方拿回给予你的爱护、尊重、工作晋升的可能或中断关系。也许，你还能预料到愤怒的出现。

不过，最重要的是，你不需要对任何人的情绪负责。尽管你很体贴地设定边界，但你可能很难让他人接受失望或是让他人受伤。你可以保有自己的边界，也可以对他们的失望表示同情，但不需要拯救他们的情绪，或是扭曲自己以减轻他们的感受。

如果其他人以受害者的姿态做出反应或愤怒猛烈地抨击，这证明他们缺乏适当的边界感。你唯一要做的就是带着善意和同情心，坚定地承认和维护自己的需求。

你没有义务去安抚任何人，你也最了解自己的情况。如果知道或感到在关系中拒绝或设置边界会产生不安全，以及可能遭遇暴力，那么你首先就是要设立好人身安全的距离。设立边界不是商讨，也不是一个假设的场景，是需要你坚定地告知他人你的结论。当然，后续你也将继续用行动来支持自己的边界。可以像做三明治一样，创建一个动作—语言—动作的循环，而不是简单的语言—动作行为。例如，设立一个自信的边界时，你可以说："我不喜欢你讨论我的体重，如果你继续这样，我就挂电话。"如果涉及安全问题，你可以说："我决定离开你，找个安全的地方，不再回来。如果你还试着联系我，我就会报警。"

事情开始简单起来

知道在哪里设置边界、设置成什么样子，并不是件容易的事，但这是至关重要的第一步。这仅仅是个开始，煤气灯人还会挑战并试图侵入你设置的健康边界。

这将对你所做的工作进行检验，也将开始验证它们的价值，此时你应该坚持住。每个边界都必须用语言表达并加以行动支持，重复说出你的边界，并照此行动。如果对方的语言具有侮辱性，你想结束讨论，那么就结束；如果发现自己周末不方便工作，那就不工作。你理应得到好的边界保护。

事情开始变得简单。经历初期的抵抗之后，其他人通常也会回避压力，并给予一致的回应。你在对维护自己的权利和主张自己的边界上充满信心，并开始享受保护自己的情感和身体空间的好处。这也让你更容易抵抗来自内心的压力。

加强个人边界的同时，可以更好地重塑生活。对于只想利用或虐待你的人，你可以跟他们保持更远的距离甚至断绝关系，这也可能会让你返回悲伤的境地。即使真的发生，也不用担心，因为在设置边界时，你所散发出来的自信会吸引其他人进入你的生活。当明白自己值得更好地对待，也更有价值时，你的自尊心就会得到提升。

也许，完成这一步时，你对于煤气灯人侵犯自己的区域和不尊重你的自我空间等行为，已经有所了解。以下的练习将帮你把概念的重点变成可操作的步骤，以此来帮助你分析、准备和建立边界，从而增强你的幸福感并让它成为重要且持续的自我照顾行为。

练习一：评估现有的边界

花点时间考虑一下，目前你的边界状态。针对不同的类别，分别选择与之相应的选项来评估你的边界设置和执行情况，并填写在表 3 内。

表 3　分析现有边界情况

内容	弱	健康	固定
社交			
情感			

续表

内容	弱	健康	固定
身体			
性			
物质			
时间			

练习二：识别阻碍的观念

注意你内心的声音和恐惧，因为它们让你远离自己想要设置的边界。在表4左侧列出关于边界设置的负面观念，然后在表4右侧推翻它们。

表4　边界的设置

受限的观念	驳斥理由
拒绝自私	根据需要保护我的精力，可以让我全心全意地付出

练习三：确定边界

现在，是时候确认新的边界并付诸行动，这是十分重要的一步。对于表5内的每个领域，请确定一个可以增强你幸福感的边界。然后写下用来表达它的话语和支持它的行动。

表5 确定边界

内容	话语	行动
社交		
情感		
身体		
性		
物质		
时间		

完成这一步及相关练习后，也许，你想知道它的安全性、实用性，以及煤气灯人是否会尊重你的边界，你可能还会质疑是否值得这样做。无论谁进入你的内心，你都应

该从生活的边界中受益。坚持住这一步所做的重要工作，在摆脱枷锁并走向自由的第六步，我们将更深入地探讨持续性接触的问题。

第六步

做出决定

如果想要自己与他人拥有健康的关系，就需要描绘出边界应有的距离和参数。如果他人不尊重这个距离和空间时该怎么办？也许，中断联系是一个有吸引力的选项。让我们来探索一下这种可能，以及在某种特定情境下，中断联系这一决定是否有必要、是否明智，以及是否能实现。

决定

你可能尝试对煤气灯人设立边界并付诸行动，可无论你怎么做，他们仍然不尊重你的个人情感和个人空间。也许，你凭借直觉就能感到设立健康的边界会导致对方对你使用暴力；你迫切希望中断关系，但迫于经济压力、宠物、孩子或其他相互关联的家庭关系仍与对方纠缠不清。也许，你只是不确定，是想要有边界的关系还是想完全切断联系。接下来我们将探讨这些复杂的问题和场景，帮助你清楚了解其原因，以及让你做出有助于幸福的决策。

你无法阻止他人的煤气灯行为

或许，你已经注意到自己在逐步摆脱煤气灯行为的过程中，缺少一个主题：如何阻止煤气灯行为。事实上，你无法治愈任何人，因为谁也不会被动地做出改变。最重要的是，即便是你，也不应该对别人的选择或行为负责。

接受自己掌控的边界是找到自己力量所在的重要一环。你可以找到问题，并做出标记和理解。让自己保持头脑清晰和自我意识明确，并设立自己能够接受的边界。不过，你始终无法控制煤气灯人会做出如何回应。你所能做的就是照顾好自己，找到安全感，并保护好其他依赖你的人。

寻求结束感

一段重要的关系即将结束，寻求结束感是很自然的事情。结束感意味着弄清楚这段关系为什么会终结，释放因分开而产生的情绪波动，并为新关系的产生和发展留出空间。如果是你选择结束关系，那么原因就很清楚了，但重要的是，花时间反思，并找到深刻的、真正的结束感。

或许，你会再次陷入悲伤，但这不是倒退，而是更深层次的释放和疗愈。如同爬螺旋楼梯一样，虽然你是在转圈，但你也在持续攀升。结束感需要一个过程，在这个过程中你可以释放内心的痛苦，你要意识到哪些事情是不对的，并确保以后不会再发生。让自己感受痛苦、说出遗憾、识别伤害，并以此释放内心累积的压力。

在这个过程中，你可以将关系中留存的美好内化，并在精神上或直截了当地给予感谢；同时，也要让自己知晓并拒绝再次受到伤害。之后，你就可以放手了。

最终的自愿结束行为是以宽恕的形式出现的。宽恕并不意味着纵容负面行为或允许伤害继续存在，也不代表否定它们对你的影响；宽恕只代表你放下了过去，放弃了怨恨和报复的欲望。即使断绝了关系，也不能让他人过去的行为影响你的现在或未来。对你而言，宽恕是为了让你获得自由。

关于你的结束感

结束感必须是你为自己建立的过程，不要等着煤气灯人给予。他们的目标是控制你，自然不会轻易帮助你放手。结束感也与煤气灯人的改变无关，他们不必接受你的边界或告别，你更不能依赖他们。无论他们许可还是不许可，你都有权决定自己想做什么。

如果他们不帮忙，那么要如何寻求结束感？一个重要的方法就是进行有条理的自述，由你来讲述你们之间的关系以及双方之间发生的事情。这极其重要，也很具有挑战性，因为在煤气灯关系中，你的现实感持续遭到质疑，你想要走出来确实不易。把你讲述的故事写下来，并告诉朋友，或与治疗师一起解决。故事让我们的生活经历变得有意义，帮我们安放好过去，并将其封存在记忆里。

完成这项工作后，不妨问问自己：他们是你想象中的人吗？是时候放弃不切实际的期望并努力应对现实了。聚焦分离带来的积极结果，可能会对你有所帮助。

很多人可能会有未竟之感，空椅子技术或许能帮你找到结束感。找一个隐秘的空间，在你的对面放一把空椅子，然后想象煤气灯人正坐在那里。注意你的感觉，仔细留心你想对他们说的话。记住，你是很安全的，他们不能伤害你。让自己大声说出所有想说的话。

另一种可行的办法是给煤气灯人写信。考虑到双方关系的互动模式与安全性，你可以选择把信给他们，也可以只为自己寻找结束感的过程而写。请用至少四天的时间来写这封信，一定要写完自己想说的全部内容。随后，合上信，深呼吸。或许，你还想写一个能够分享的精简版，或是干脆折起来藏好，只作为自己释放情绪的方法。记住，这个结束感只属于你。

不再联系

一旦找到结束感，就不要再继续与煤气灯人联系。屏蔽他们的电话，切断社交媒体上的联系，让双方的关系之门保持关闭。当你已经做了决定并跨过了门槛，就没有理由再返回去。

煤气灯人往往有一定程度的病理人格，且不易改变。因为不想成为失败者，一旦你给他们机会，他们就会把你拖回情感轰炸、贬低价值、情感丢弃的循环之中。不要跟他们玩这个关于"自我"的游戏。

一旦危险的煤气灯人释放飞猴来胁迫你，你可能会面临第二轮的艰难抉择。如果飞猴坚持与煤气灯人站在一起，且不尊重你的边界，也许，你会决定中断或严格限制与他们所有人的接触。或许，这要比中断与煤气灯人的关系更加困难，这取决于你与这些飞猴的关系深浅。如果他们是你的家人或朋友，你将会面临另一层的悲伤。你在做出决定时，要坚持一个原则：你应该得到为自己建立的平静，也应该获得自由。

没有煤气灯人，你的生活会是什么样子？

闭上眼睛，想象没有煤气灯人的生活，你会看到什么？你的感觉如何？和之前又有什么不同？此时，你又会在哪里？给自己一些时间来探索这些问题。如果出现焦虑，那么请你继续想象：哪些方面让你感到害怕？这样的恐惧是你想屈服的还是想征服的？也许你会惊讶地体验到一种自由或解脱的感觉，但此时你也要留意，因为这些问题没有正确的答案。

发表在《社会心理学实验杂志》上的一项关于分手带来的痛苦的研究发现，人们在考虑结束一段关系时，总是高估他们预期的负面情绪。事情或许比你想象的要容易，智慧在你的内心中，请好好地倾听它。

不得不联系

或许，你无法选择中断联系这条强硬路线，可能有法律或现实原因让你无法这么做。比起不联系，对你来说，高度结构化的边界可能更适合错综复杂的家庭关系。你们可能还需要保持一段时间的联系，最终还是会分开。

尽管面临情感上的不易，但最容易处理的情况，就是双方关系中没有共同抚养的孩子或宠物。情感的纠葛是真实存在的，但有形的纽带却不多见。不过，职场情景要更为复杂，无论是跳槽或坚持工作到退休时，现实都会要求你在切断联系之前有一段时间的等待期。更复杂的情况发生在家庭场景中，如年迈的父母可能要依赖你，而你与兄弟姐妹的联系也变得至关重要。如果夫妻或伴侣有需要共同监护的子女时，这种情况则可能更为复杂。

如果涉及孩子怎么办?

“为了孩子”而继续不健康的或有害的关系并不罕见。自我牺牲固然很高尚，但需要批判性地分析，留在关系中是真正的无私还是可能会给你和孩子造成进一步的伤害。当孩子们认为情感虐待是“正常”关系的模式时，成年后就更有可能去效仿。此外，如果你受到情感虐待，那么孩子们也会有同样的遭遇。如果耳濡目染了家庭暴力的迹象，他们就会遭受心理伤害。即使是为了让家庭完整，这也是不可以容忍的事情。

如果你决定离开，那么你可能因孩子监护权而与对方纠缠不清。若现实果真如此，那么建立和执行坚定的边界至关重要。我们强烈建议，即便是处于考虑阶段，也请你咨询律师或寻求法律的援助。

如果涉及宠物怎么办？

如果决定友好分手，就可以选择共同监护宠物。如果你决定必须终结关系，你也将面临一个艰难的决定：为了宠物，是否值得继续与对方保持联系。如果没有婚前协议，通常认定宠物为买方的合法财产，当然，也可能无法制订出一个令人满意的共同监护计划。即便煤气灯人同意，你也要考虑这是否会为他们提供继续实施煤气灯行为的途径，让他们有机会再次操控和残忍地对待你，并重新把你抓回他们的魔掌。依据煤气灯人的虐待程度，打开共同监护这扇门，很可能会威胁到你心爱宠物的安全。请务必谨慎行事与决定。

如果由此得出结论：你需要离开这段虐待关系却没

有合法的权利带走宠物，而煤气灯人也不愿意让你带走它们，无疑你会面临第二层悲伤：真实、深刻而痛苦。让自己悲伤，并努力度过这个阶段，没有别的办法可以解决这个问题。让宠物留下，可能是你给予它们的最仁慈的恩典，而你也为自己创建了安全感。如果煤气灯人伤害宠物，你就一定要报警。最重要的是，不要怀疑，尊重是你应该享受的权利，并且生命安全应放在首位。

有限的联系

针对上述及其他复杂的原因，有限的联系可能是最佳的选择。这可能涉及设置边界，如你们只能在中立的公共场所见面，时间不超过一个小时。对于在同一所学校或俱乐部产生的友谊，可以规定好双方见面的时间和地点，类似这样坚实的边界，也是一种有限的联系。

对于拥有共同监护权的前配偶，最好通过有限的沟通方式来联系，如你只通过电子邮件沟通，晚上你会查看邮件，且每天最多写一封，电话联系仅限于紧急情况。如果煤气灯人继续越过边界，可以通过屏蔽短信或挂断非紧急电话来进行边界的强化。

关系有很多种，关于有限联系的设定也是各式各样的。重要的是，你要认识到有些方案可以让你更接近自己的目标。你应该得到自由，也应该在生活中创造出不受情感虐待的空间和时间。

如果煤气灯人承诺改变怎么办？

明知道自己应该离开，但是……你爱他们。如果他们答应改变呢？我会不会放弃得太早了？虽然这个愿望真诚而充满爱意，但仅此而已。我们已经讨论过，没有人会被动地接受改变，而你也无法改变他人。

也许，有些情况会不太相同。煤气灯人可能已经经历过某种“谷底”的警钟，讽刺的是，离开的行为可能就是这个警钟，所以你要小心那些假装改变而把你骗回去的煤气灯人。你有权利头也不回地离开。

如何知道他们声称的改变真实与否呢？问问你自己，比起之前多次承诺过的改变，这次又有什么具体的不同？他们是否自愿接受个体治疗？如果是，治疗是否针对他们的操控行为所形成的潜在伤痛？如果是夫妻共同治疗，或全程他只是在抱怨你，那这样的治疗是显然不够的。

他有改变的证据吗？还是他们只是声称自己与以前不同了？改变是一夜之间发生的，还是随时间的推移而出现了持续的变化？可见的改变和带着原始的诚实是很重要的，这才是变化的标志。当改变真的发生时，你会看到他的内省的反思和明显的自责。真诚的、具体的道歉会让他学会承担责任，而不是要求双方共同承担责任。虐待型或自恋型的煤气灯人几乎不可能发生这种变化，但防御型或不安全型的煤气灯人则有可能改变。

你可以对他们保有同情心，但同时也要善待自己。如果没有看到这些改变的标志，那么请你保持安全的距离，好好爱自己。

计划退出关系

离开麦克斯并不容易，斯嘉丽确定有人在监

视她，她还知道手机已经被追踪。麦克斯控制了她在线社交的个人资料，尽管两人不住在一起，但她一直生活在他的掌控之下。

斯嘉丽在浴室间的门后，第一次看到了求助热线的号码，她很容易就记住了。她一遍又一遍地重复。直到有一天，她拨通电话，并向一位女士进行咨询，对方答应对她进行具体指导。

选定了某天后，斯嘉丽便离开了麦克斯和她的旧生活。她知道不可能有循序渐进的过渡或谈判，因此她离开了，并故意留下了两件重要的东西：钥匙和电话。此时的她已经没有回头路了，她走进了等候自己的汽车，并目视前方。他们开车离开，去了安全屋（藏身之处）。

离开煤气灯人是一种有意的行为。你评估了情况，并确定关系中存在情感虐待，而你的发疯或歇斯底里也只是游戏的一部分，你知道这段关系已经无法继续。

依据不同情况和某些特殊的影响因素，每个人离开的方式可能会有所不同。斯嘉丽和麦克斯没有孩子，这让问题变得简单了，可她的离开还是充满了危险性。可能其他人面临的危险较小，但仍需努力应对财务或相关的复杂因素影响。与煤气灯人的关系，虽然不像与父母或兄弟姐妹一样与生俱来，但他们擅长让自己渗透到你生活的各个领域，只为能更全面地控制你。

突然且彻底的分手对有些人来说，可能不是最佳的选择，我们可以探讨一些关于离开的其他方法。

缓慢消失

把自己从与煤气灯人的关系中解救出来，缓慢消失可能是一种有用的方法，但不适用于涉及家庭暴力的关系。如果对某个组织，比如俱乐部，如果其中包含忠诚和恐惧两种冲突的感情，那么在想要离开时，选择缓慢消失是很有效的方法。在这种情况下，你无须做任何解释，你只需要减少联系，坚持自己的边界，直到某个人或组织不再在你的生活中占一席之地即可。

如果不确定自己是否应该收紧边界或中断联系，这种方法也会特别有用。一般来说，能够直接沟通最好，但双方要真诚、勇敢且充满尊重。在此之前，你可以先尝试缓慢消失，体验少接触或不接触煤气灯人的生活。

直截了当

如果没有身体威胁，大多数情况下，直截了当是最好的选择。例如，在工作场合充满无休止的煤气灯行为，而你也不打算再与之抗争，此时，就可以进行直接的对话来结束这段工作关系。你可以计划一下或先找到另一份工作。如果对话比较困难，那么你可以先写下想说的话作为练习。也许，你需要丢弃满是表达自己受到的伤害和愤怒的初稿，并将其缩短为更精简也更直接的信件。不需要说出职场的煤气灯行为，只需要明确什么对你来说是健康的，然后采取行动摆脱不健康的方式，随后向幸福出发就好。

如果设立边界是为了让自己远离不健康的家庭关系时，那么直接对话对你来说很重要，不要让他们猜测你的新规则，这样效果反而会比较差。如果要结束一段同住的亲密关系，那么你也需要直截了当，除非出于安全考虑而选择突然失踪。总的来说，分手最好是彻底而直接的。

应对抵抗

我们需要预见到煤气灯人的抵抗。毕竟，他们的目标是控制你，结束这段关系给了他们强有力的一击。他们可能会感到恐慌、愤怒、大喊大叫、做出承诺或威胁你，以及使用抨击你的理智、记忆或情绪的稳定性等典型策略来驳回你离开的理由。

为了尽量减少抵抗，解释要简单或根本不用解释，你不需要为煤气灯人的情绪自责。专注自己，确保做出对自己健康的选择。我们要保持坚强、冷静和坚持。

你不需要让煤气灯人喜欢你的选择。现在用行动来强化口头的决定，像设立边界一样，你已经做出了选择，也有权利离开。

如果愿意，请与朋友、家人和其他人谈一谈

在生活中，移除重要的关系时，可能需要与朋友和家人谈一谈。在讨论开始前就设立好清晰的边界，这样你就可以避免“不请自来”的建议和意见。你可以说：“想告诉你我的决定，但现在我并不想征求意见。”如果遇到试图动摇你已经做出的决定的人，你也可以选择结束谈话。

进行任何艰难的谈话之前，先给自己一些时间来处理因关系破裂而产生的悲伤，这样会让你变得更加坚定、坚强。如果有人支持你，你可能就不需要太长的时间，甚至在从接受到决策的整个过程中，你都可以分享自己的想法和感受。

如果涉及孩子，你最好事先沟通清楚，以便让他们的问题和疑虑有回旋空间，同时坚持对双方都好的事情。为了保证你的安全，也为了防止自己的计划被善意或意外地泄露，与孩子讨论自己离开暴力的煤气灯人的计划并不明智。在这种情况下，一定要在行动后再处理对决定的感受，

或许也可以借助孩子或家庭治疗师的帮助。

讨论正在改变的生活时，请牢记自己的需求，你应该拥有的生活。另外，你已经对自己和煤气灯人的互动模式有了觉醒和理解，也请你牢记，并警惕听命于煤气灯人的飞猴，他们可能会试图影响你的结论。你知道什么最适合自己，也有权决定让谁进入自己的神圣空间。

利用你的人脉支持网

即便你没有想到哪些人可能会试图动摇你的决心，也不要害怕联系可能会支持你的人。过渡期总是很艰难，你不必独自在这条路上前行。

因煤气灯人的诡计而疏远的朋友，你也不要害怕与他们联系。当然，维系关系需要付出关心、时间和努力，这被证实是非常值得去做的事。找到支持你的人，做真实的自己，他们的爱和支持会让你再次敞开心扉。

实施你的计划

一旦确定了人脉支持网，制订了详细的计划，落实了必需的实操步骤，你就该执行计划了，这可能是整个过程中最困难的部分。让自己感受内心的抗拒、恐惧或悲伤，面对并倾听它们，留心身体的感觉，并等待它们的慢慢消退。然后，抬起下巴，记住你的价值，采取强化和支持这种价值的行动。你已经可以做到了！

当煤气灯人试图重新联系

从本质上来说，煤气灯人不会轻易让你离开。无论是出于不安全感（你的离开威胁了他们的自我认知），还是出于自恋（认为被拒绝等同于侮辱），操控他人的动机都会驱使他们进行回击。想办法把你抓回去是他们常见的手段。

> 虽然很痛苦，艾莉尔还是决定与家人断绝联系。现在，她意识到，童年时期继父对她所做的事情已经让她产生了难以忍受的紧张情绪，但家人们却拒绝承认这个事实。他们坚持自己拥有一

个幸福的家庭，如果真是这样的，艾莉尔只能自己为十几岁时的犯罪行为承担全部责任。尽管她已经为自己的选择负起了责任，但她不愿意再披上“问题孩子”的外衣。

艾莉尔给所有人写了一封简短而直接的电子邮件，告诉他们，如果为了维护表面和平，而继续假装继父所做的事情没有发生，那么她将不再参加家庭的假日聚会。艾莉尔其实很害怕收到大家愤怒的回应，然而大家起先都选择沉默……随着感恩节临近，他们的电话、短信和电子邮件就都来了。姐姐哄她“过去的就让它过去吧”；母亲哀叹假日不能看到所有的孩子；哥哥则生气地责骂她，说大家把假期的关注点都放在她身上。她被气哭了，丈夫只好抱着她。最后，他看着她的眼睛，问道：“接下来你想做什么？”她喘了口气回答：“我会在一月份再回复他们。”

如果你已经明确了边界却仍然持续受到侵犯，那么你需要在让步和用行动来加强边界之间做出选择。你必须决定自己是否愿意离开。

艾莉尔需要家人承认她过往真实的生活经历，可她的需求却被忽略，还遭遇了持续的煤气灯行为。他们拒绝改变，就表明已经没有什么可说的了，她以坚定不移的沉默强化了自己的立场。此时，要么选择妥协，要么选择与煤气灯人同谋，因为真相与否认真相之间没有中间地带。

经过一段时间的沉默和平静，如果煤气灯人尝试重新取得联系，那么请你进行批判性的评估：是否看到了他们变化的证据？这种变化是持久和可持续的吗？他们承认过去的错误还是假装什么都没有发生过，还是他们只想利用感情和忠诚来哄骗你？忠诚可能是个美好的特征，但首先必须忠于自己。

保持坚强并始终如一

煤气灯人占据了你太多的空间，他们把别人排挤出去，并要求你有更多的时间和注意力来满足他们的需求。

离开他们之后，只剩下真空中的你时，你可能会感到空虚和孤独。

让自己坐在那里接受这样的影响，不要急于避免这些感受，用食物、购物、疯狂工作或约会来填满那个空间。让自己感受空虚，带着温和的同情心，去留意自己的感受，直到能够与变化和平相处。

在这种时候，你可能会因禁不住诱惑而想邀请或允许煤气灯人重回自己的生活，但你可以说服自己放弃这个如此放胆的决定。请留心此时的消极声音，它会批评、怀疑你的决定和对生活的主宰权。也许，你还担心煤气灯人的感受，认为他们的感受因你而起。记住，那是他们的责任，而不是你的责任。你可以善良，但必须从对自己开始，从自爱和边界开始。过往的行为导致他们只能忍受孤独，这与你无关。

尽管内心犹豫，也请你不要跟煤气灯人分享，因为他们会想尽办法把你的门撬开继而洗劫一空。你可以找值得信赖的知己，如朋友或治疗师，或把感受写在日记里，或冥想、反思或祈祷，倾听你内心深处的直觉。

保持好距离，从关系中获得“清醒”，让自己重新享受因阻碍而错失的多样的生活。允许自己探索激情，享受自由！

你要能够预期煤气灯人的抵抗、入侵和回击，并及时做好准备。要知道，这并不能反映出终止联系的决定是否正确。保持坚定并始终如一，如有必要，可以申请警方的限制令。也许，随着时间的推移，他们会减少或不再尝试煤气灯行为，但你不能先推倒自己的边界之墙，要让你的边界坚持到底。

以下练习旨在帮助你根据自己的独特情况和需求制订计划。

练习一：制订计划

在摆脱煤气灯人的这一步中，我们已经探索了各种关系场景，以及减少或中断联系的潜在方法。图 1 中的决策树可以帮助你评估哪种反应更适合你的独特场景要求。

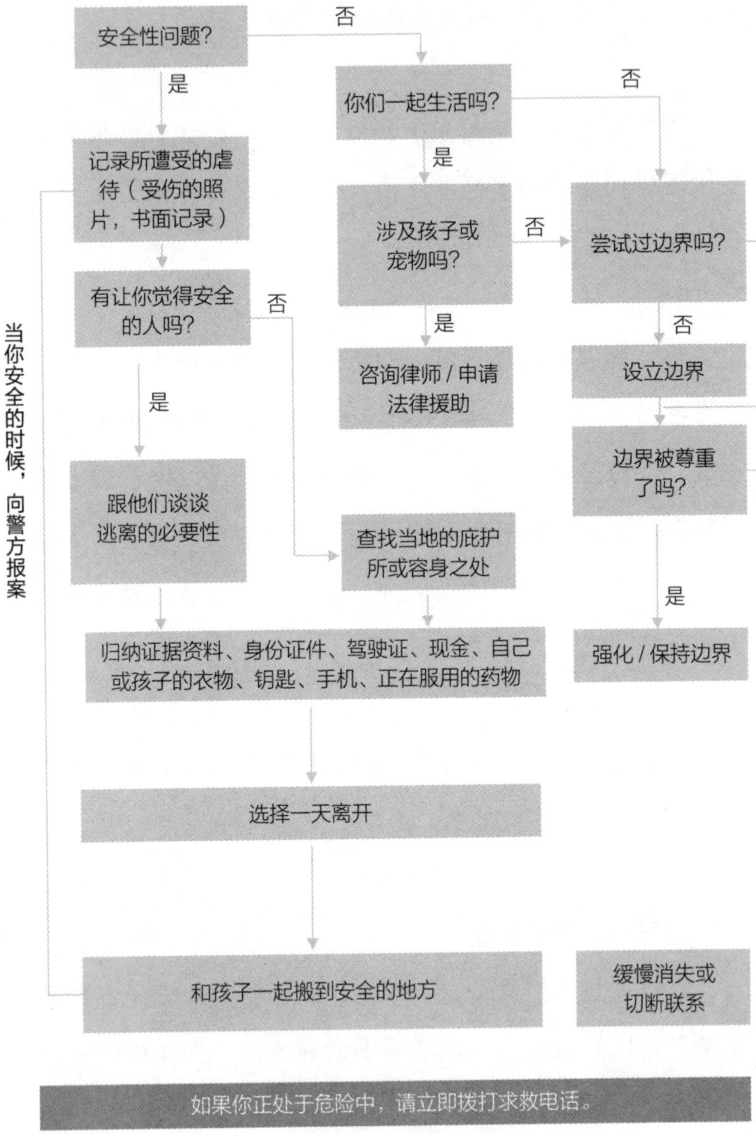

图 1　为摆脱煤气灯人制订的计划

练习二：我应该坚持自己的边界吗？

或许，这个问题的答案是肯定的。如果不确定，那么请如实回答以下的问题，评估你是否有理由放松警惕。如果这五个问题的答案都是肯定的，那么你或许可以放下警惕，但要慢慢来，不可着急。

问题

问题 1：他们表示自责了吗？

问题 2：他们承认具体的错误了吗？

问题 3：他们个人发生了具体的变化吗？

问题 4：他们是否采取了任何表明改变了心意的行动（比如个人治疗、修正、戒酒）？

问题 5：是否花费了大量时间来演示改变的模式？

练习三：分手后的自我照顾计划

你已经得出了结论，并做出了决定。在实施计划之前，请暂停并考虑一下，你需要哪些自我照顾。可以帮助你应对悲伤、孤独或疑虑的是什么？考虑一下支持你的人、充实的活动，以及能够抚慰你情绪的事情，并写在下面。

____

____

____

减少或中断了生活中与煤气灯人的联系，你就能让自己的目光向前看。虽然你意识到自己渴望并值得拥有健康的关系，但可能缺乏建立信心。如果渴望得到更多的东西，也请不要过于自我保护而陷入孤独的陷阱。最后，我们将探讨什么是健康的关系，以让你能打破不健康关系的循环。

第七步

发展健康的情感关系，打破恶性循环

现在是时候拥有梦想和希望了，你可以展望未来并设想生活中想要照顾的东西。决定好要放弃的东西，同时为想要的东西创造空间。第七步，我们将讨论健康关系的标志，并探索在现实生活中培养新关系的可能性。

努力向前

努力向前意味着告别过往，始终保持设定的边界，以及设立生活的新目标。让自己想象和拥有梦想是个非常个性化的过程。对某些人来说，努力向前可能意味着追求长期未被唤醒的梦想。你可能会回到学校、寻找新的工作、探索新的爱好或者参加一项活动，在那里你可以结识并培养新的友谊或者其他的事情。

如果是刚恢复单身，那么你要知道，也许保持单身是一个非常健康、强大和完美的选择；对于渴望固定关系的人，请继续专注于疗愈，这样才不会用刚刚获得的关系来填补目前的情感空洞。你要准备好后，才能全心全意地投入另一事物或关系。

打破恶性循环

如果希望点燃新的关系之火，无论是浪漫的、柏拉图式的、集体的、精神的还是与工作相关的，都要小心可能落入旧的陷阱，事实确实如此。发表在《社会心理学季刊》上的一项研究发现，如果某段关系能够证实你先前对自己的认知，那无论这段关系是积极的还是消极的，你都倾向于被这段关系吸引。我们需要避免认知失调（因持有相互矛盾的信念所带来的精神不适），它通常会拒绝让我们真正被渴望的健康关系吸引。换句话说，尽管熟悉的事物意味着存在虐待行为，我们也会倾向于这种更让人感觉舒适自在的事物。因此，如果希望在生活中抵抗这种引力，创建全新的、有益健康的互动模式，就需要辨别出那个具有强大吸引力的“熟悉感”，并用全新的自爱抵制固有的消极看法，这非常重要。

如果在充满情感虐待的关系中长大，那么成年后仍会持续遭受来自家人的煤气灯行为，或许还会陷入类似模式的友谊或伴侣关系，因为你真正接触且认识的可能只有情感虐待模式。只有打破这个恶性循环，才能获得自由。这需要磨炼你多方面的能力，如识别煤气灯人、打破相互依赖的模式、明确你寻找的东西以及识别健康人群的标志等。

识别煤气灯人

想避免再次被煤气灯人纠缠，你比任何人都清楚离开有多难。幸运的是，你已经熟悉了煤气灯策略及其循环，并学会了倾听内心的声音并尊重直觉。一段新关系伊始，你可能会感到害怕，但你现在有能力识别未知的煤气灯人，并在他们开始施展伎俩之前避免陷入有害的关系。

记住提防太快与你熟络的人。没有理由着急，给自己留出几天的时间进行反思。让自己有机会写日记或与朋友或治疗师讨论对方吸引你的是什么，又是什么会让你感觉不安。

如果有朋友或约会对象试图改变你，那么请当心他们。也许你并不完美，就像一幅正在拼贴中的马赛克作品，虽然凌乱但你依然美丽，你应该与那个欣赏你的人在一起。在健康的关系中，无条件地接受排在首位，这能给予你安全感并让你成长。爱不是交换而来的。

远离控制型的人。有些人基于性别、年龄、种族或职位差异会采取专制的行为方法，这最终可能会被利用来虐待你，哪怕现在的他们看起来体贴而温暖有礼。你不比任何人都弱小，内心也没有那么强大，但你仍可以要求并期待基于相互尊重的平等互助。

继续复习和应用在本书中所获得的技能。要知道，你不需要忠于任何人。你既可以友善，也可以说“不，谢谢”或“那对我来说行不通”。提前设定边界，练习语言表达，了解你的退出策略，并勇于沟通。你理应得到边界所维护的自我照顾，也应该对不适合自己的事情说“不”。

与不支持你的人打交道

你了解自己的价值，也知道生活中想要什么与不想要什么。但不是每个人都会支持你。无论是离开上段关系还是开始新的关系，你都要坦然接受自己且不会去取悦所有人。设定明确的边界，表明你已经做出决定并且不希望进一步讨论。请允许自己退出不受尊重的对话。

在有些情况下，决定与煤气灯人断绝联系，可能会影响到其他你爱的人。例如，你决定不与父亲或母亲相见，这可能会影响其他的兄弟姐妹。如果还有情绪空间，那么也许你希望倾听他们的感受。你可以产生同情心，但前提是不需要为自己辩解或协商你用心设计好的边界。或许还能产生一场富有成效的对话，主题就是关于在不涉及情感虐待的情况下如何建立联系。

你的任务是保护自己的情感和身体空间，你不需要让每个人都高兴。你可以关心他们，同时也要让他们处理他们自己的感受。

每天练习相关技巧

通读本书并完成前面的每一项练习后，相信你已经做了很多内在的工作。继续练习相关技能，强化边界，并制订整个过程中的自我照顾计划。继续提升你的自爱、自尊和自信。继续下去，你会发现这变得更容易了。请坚持下去，这是你应得的。

如果准备好，请寻求健康的关系

与所有哺乳动物一样，人生来就具有关系属性。我们生来就依赖他人，靠着安全的依恋茁壮成长，因此被孤立或忽视时才会感到痛苦。在一个非常脆弱且有核心需求的地方受伤，会使相互依赖的想法变得可怕甚至令人厌恶。治愈往往发生在寂静中，请给自己一些时间，不要害怕再次敞开心扉。

这里的关系不一定是浪漫关系，尽管它同样给予人有意义的快乐和陪伴。追求和拥抱关系需求可能指新的友谊、室友、导师、学员、监护人或祖父母。当你准备好了，就可以去探索志愿服务、小组课程、健康的精神团体、健身房、俱乐部或社区协会中各种关系的可能性。社交媒体也是打破孤立的宝贵工具，但要谨慎使用，要把它当作敲门砖，而不是代替有意义的联系。

只有你可以决定你会在什么时间准备好，并继续前行，学会倾听你的心声，用体内的勇气和来之不易的智慧努力向前迈进。

健康的关系是什么样子？

大卫在审核实验室数据时，注意到一个不一致的地方。这涉及安全问题，他充满畏惧，他知道必须将这个错误告知老板，并请其注意。

大卫找到老板玛丽亚，她表现得很亲切，并感谢大卫提醒她注意这个错误。离开玛丽亚的办公室时，大卫听到她在和管理层通电话。大卫抱着最坏的打算准备停下来细听，但他惊讶地听到，玛丽亚说她自己会对研究的延误承担全部责任。第二天，当团队聚集在圆桌前进行早会时，玛丽亚特别提到了大卫的发现，并称赞他对细节的关注，同时鼓励团队继续保持警惕。

健康的关系以相互尊重、相互支持及平等的观念为特征。在健康的关系中，人们始终表现出善良和同情。诚实是关系所固有的，它可以创造情感上的安全感和信任。

健康的关系并非完美无缺。当侵犯者犯错或吐出不友好的话时，如果他表现出真正的悔恨，并承担责任且做出行为的改变，那么你也会原谅他们，不计前嫌。

在一段健康的关系中，你将感受到最好的自己。这让你喜欢和对方在一起，并感到自信和舒适。你不害怕评判或尴尬，因为你知道他们接受的是一个完完全全的你。

有时，一个人经历了痛苦的人际关系，无意中跌跌撞撞地进入了某段健康的关系，却没发现自己找到了一个多么珍贵的宝藏。通常，期望与经历在脱节后，会导致一个人退缩、失去兴趣或是故意破坏美好的事情。偶尔，他们也能意识到自己找到了令人激动的金子并坚持不懈。

如果有一种方法，可以有意识地寻找健康的关系，那么无论是浪漫的还是柏拉图式的，我们都应该主动追求，而不是去等待偶然地陷入其中？那么，这种方法是什么，又需要我们注意什么。

首先，你需要知道寻找的是什么，这涉及两件事情：第一，你必须对健康的关系是什么样子有一个清晰的概念。第二，了解个人的理想也会有所帮助。相信自己对于尊重和爱的基本价值能够有效支持这两个因素。

其次，尽量去寻找志同道合的人。如果遇到了让自己很有联结感的人，请慢慢来，健康的关系不需要着急，也没有必要着急。尽情享受与新结识的人的相处模式，花时间倾听你的直觉。

公平的关系

平等或许是一段健康的关系最明显的标志。在公平的关系中，双方共享权利且相互尊重，没有基于性别、种族、年龄、收入、移民历史、家庭背景、教育或其他特征而假定的等级。你的历史已成为过去，对方不会用它来要挟，即通过让你内疚或产生羞耻感来建立对方对你的主导地位。

角色和分工出于协商而非假定，同时基于兴趣和技能，或者也可以平等分担工作。夫妻或团体中的每个成员都享有平等的发言权，并且在决策过程中都能被听到、尊重和考虑。

关怀也是相互的。你不应该成为支持对方情感的宠物，你也不会一直扮演啦啦队队长的角色，或被期待永远挂着幸福的笑脸。双方都知道自己是安全的，并且愿意本着直接和诚实的原则分享自己全面的情绪体验，共同期待着对方能给予关心、同情和支持。

关于平等关系的故事

平等的关系会体现在很多方面，请思考与对比以下故事内容：

达内尔在成长的过程中，他注意到母亲除了工作以外，还要承担做饭、清扫屋子和照顾孩子的所有家务。总是妈妈参加学校的家长会，也是妈妈带他们出去玩儿。爸爸负责上班，或在妈妈准备晚餐时看电视上的体育节目，或在孩子们破坏规矩时惩罚孩子。

达内尔结婚后，他和妻子珍娜尝试了一种新方法。他们喜欢一起做饭，也让孩子们参与进来；然后两人轮流洗碗，另一方在此期间会照顾孩子们。睡觉时，每人负责一个孩子，并让他们钻进被窝。然后两人一起放松，观看他们都喜欢的电视节目。当孩子行为不端时，在场的一方会直接与孩子交谈，听取他们的意见，引导他们做出更好的选择，并教他们改正。

卡塔琳娜因为失去与露西娅的友谊而备受折磨，卡塔琳娜现在对新的关系有点犹豫不决。她曾指责露西娅八卦自己，随后遭受了来自露西娅的煤气灯行为：露西娅在社交媒体上屏蔽了她。

卡塔琳娜和梅一起在动物收容所做义工，聊天时两人总是笑得合不拢嘴。一天，梅建议她们见面喝杯咖啡，并征求卡塔琳娜的意见，以及询问去哪里以及哪一天比较适合。即便两人有分歧，但她似乎真的对卡塔琳娜的想法很感兴趣。随着友谊的发展，两个人都保持着对彼此的信任，并在对方需要时间或空间时互相尊重。卡塔琳娜开始感到安全，因为她们的友谊足以让她展现真实、完整的自我。

请每天照顾好自己

读完这本书，你已经学会了识别煤气灯行为的征兆和循环，并接受了生活中发生事情的真相；也已经与这些影响所带来的愤怒和悲伤做了抗争；你检查了自己现有的边界，设立了新的边界来巩固自己希望过的生活；也已经开始梦想和想象健康的关系对你来说会是什么样子。

最重要的是，我希望你已经内化了更强的自爱。针对当前的情况，无论你做出什么决定，都要继续把自己放在第一位。练习自我照顾，并在自信中成长。腾出时间建立健康的关系，做让你觉得心满意足的事情。你应该获得平静与爱，让你的爱从内心轻轻流淌，并浇灌生命的土壤。

最后的练习旨在促进、指导和强化你的权利和决心，并让你过上充实的、远离煤气灯行为的生活。

练习一：评估当前的关系

考虑你目前的人际关系，对于每个类别，都要明确一个重要关系。在表 6 中如果某个类别对你不适用，那么你只需跳过，或者写下另一个类别中更适用的关系。想想每个类别都有哪些积极或消极的健康指标？你又可以做些什么来改善这种关系并享受它？

表 6 评估当前关系

内容	不健康	健康	改善的方法
友情			
浪漫伴侣			
父母			

续表

内容	不健康	健康	改善的方法
兄弟姐妹			
工作场合			
其他			

练习二：定义你的理想关系

描述你理想的友谊关系、师徒关系、浪漫关系或工作环境。注意你刚刚退出或减少联系的关系类型。试着定义你理想中的关系，多想想你想要变成什么样子而不是不想看到什么。如比起“我不想和每晚只看电视的人在一起”，“我想和喜欢冒险的人约会”会更具象化。

练习三：组合在一起

拿出日记并花一些时间反思。回顾已经完成的所有练习和已经回答的写作提示。反思你学到了什么，你如何成长以及自己发生了什么变化。完成最后一个条目，探索以下这些问题：

· 关于自己，你学到了什么？

· 你有什么改变？

· 你生活中发生了什么变化？

· 你愿意做出哪些承诺来强化这种成长，并让自爱和自我照顾成为常态？

记住，你值得一切。

写在最后

作为一名治疗师，我经常被问到："他们怎么能这样对我？"其实，你的任务不是弄明白他们犯的错误，而是要知道，自己不应该被这样对待。你值得被爱，只要你心中一直有爱，也一直会爱。煤气灯行为及背后的残忍其实与你无关，是他们缺乏安全感，且有自恋和虐待的倾向。

放弃尝试改变煤气灯人，尊重自己和自己的需求。记住你与生俱来的价值，持续在自爱中成长。无论多忙或度过了怎样的一天，你都应该照顾自己。留心试图潜入的负面信息，以及它们在情感虐待中的来源，坚定地将它们消除。

要记住，并不是每一次关系的磕绊或误解都代表着遭遇了煤气灯行为或需要退出某段关系。每一段健康的关系都会出现混乱的问题，要学会自主解决，同时知晓并保持你与他人的边界。继续倾听你的直觉，体验自己的感受。与诚实而值得信赖的朋友交谈，并记录你的经历，用此帮助你整理和分析令人费解的沟通。

如果本书中只有一部分内容引起了你的共鸣，那也没有关系，只需要找出对你有用的内容即可。煤气灯关系多种多样，且有着不同程度的影响，具体取决于关系的类型、时机和持续时间。因此，你的经历和恢复过程可能会有所不同。你是独一无二的，你的治疗之旅也只能属于自己。

记住，你值得被爱与尊重。除此以外，其他任何被告知的经验或信息都是谎言。请牢牢记住这个真相。让它指引你前进，帮助你寻找并建立起你想要的生活。

致　谢

写这本书既是梦想，也是挑战。我亲爱的丈夫尚恩给予了我无尽的支持和鼓励，如果没有他，那么这本书不可能完成。他总是相信我、鼓励我、为我加油，在我的时间匆忙而紧张时，帮我收拾残局（甚至比平时更多）。感谢你为帮助我实现这个梦想而做出的牺牲，也谢谢你在深夜阅读所有的原始资料。

我也要谢谢亲爱的儿子卢克（Luke）。你总是注意到我什么时候需要巧克力或拥抱，感谢你的鼓励。当讨论写作遇到的挑战时，感谢你深刻的思考，这已经远远超出了你的年龄所拥有的智慧。你说得没错，我确实还应该感谢我们的猫林戈，每天晚上写作的时候，它都坐在我的脚下！

感谢罗宾·戴克马——支持我的姐姐。谢谢你试读我的写作样本并帮助我改进，并以此引起出版商的注意，也感谢你对我的信任。

感谢玛拉·冈萨雷斯，我亲爱的朋友，谢谢你从社会工作视角赋予这本书的意义，也谢谢你为我加油。感谢南希·詹姆斯，是你分享了关于关键临床部分的专家评论和意见，谢谢你珍贵的友谊和鼓励。感谢林恩·桑德斯——谢谢你提出的螺旋楼梯的类比以及更多。纳塔莉·阿尔德斯·普赖斯——我认识最久的朋友，我爱你！从小你就相信我的写作梦想，并在我质疑自己时，帮助我坚持下去。还要感谢我的朋友和家人，他们给我提供了鼓励、检查、咖啡、颠覆性的礼物和庆祝活动，是你们让生活变得美好。

杰西·艾伦和玛利亚·贡佩尔特——我的编辑们，感谢你们的深思熟虑和对我的肯定，以及在整个过程所提出的建议，以及所做的编辑工作，还要感谢整个卡利斯特传媒公司的团队塑造这个项目，并将其推向世界。

感谢所有与我分享遭遇煤气灯故事的人。愿这本书对你有所启发。

关于作者

黛博拉·维纳尔是一名持有执照的婚姻和家庭治疗师及心理学博士，并获得了眼动脱敏疗法和脑点技术疗法的认证。在个案治疗中，她将这些方法融入治疗与经历创伤和艰难关系的患者工作。黛博拉曾作为专家，在南加州的大学和非营利组织发表关于人口买卖和家庭暴力的演讲。基于对大规模枪击事件幸存者的影响和治疗反应的研究，她获得了EMDR基金会创办的桑德拉·威尔逊的纪念论文奖。黛博拉出生成长于加拿大的基洛纳，目前与丈夫和儿子住在美国南加州。